秋月杂文集

——一个故事，两种婚姻

韩秋月 著

南开大学出版社
天津

图书在版编目(CIP)数据

秋月杂文集：一个故事，两种婚姻／韩秋月著. —天津：南开大学出版社，2015.10
ISBN 978-7-310-04950-9

Ⅰ.①秋… Ⅱ.①韩… Ⅲ.①杂文集－中国－当代 Ⅳ.①I267.1

中国版本图书馆 CIP 数据核字(2015)第 220651 号

版权所有　侵权必究

南开大学出版社出版发行
出版人：孙克强
地址：天津市南开区卫津路 94 号　邮政编码：300071
营销部电话：(022)23508339　23500755
营销部传真：(022)23508542　邮购部电话：(022)23502200
*
唐山新苑印务有限公司
全国各地新华书店经销
*
2015 年 10 月第 1 版　2015 年 10 月第 1 次印刷
230×170 毫米　16 开本　14.25 印张　130 千字
定价：32.00 元

如遇图书印装质量问题，请与本社营销部联系调换，电话：(022)23507125

上部：饮食男女	1
《一个故事、两种婚姻》	3
《丈夫的用处》	8
《你是否引出我的柔情》	12
《男人的浪漫……》	14
《亲爱的，请允许我对你撒娇》	17
《有这样一个故事》	20
《"性趣"杂谈》	22
《女人再老也姓"女"》	26
《一个故事的随想》	30
《说说再婚这个事……》	33
《还说再婚这个事……》	38

目录

《我爱"色鬼"——说于格》	41
《夫妻一如饮食搭配》	44
《我的恋爱与男人的没钱》	47
《"好男人太少了"?》	50
《心里装着一个人》	53
《由〈色.戒〉说男人的"色"与"戒"》	56
《亲爱的,请告诉我,你是谁?》	60
《好汉、赖汉、好妻、赖妻》	62
《男人不堪女人一试》	65
中部:生活碎片	**69**
《苦难杂谈》	71
《知道与不知道的四个境界》	75

《麻将，我亲爱的国粹》　　　　　　　　　　79

《如果你看见少了一条腿的人……》　　　　82

《说实话及其他》　　　　　　　　　　　　　87

《有用的知识和无用的知识》　　　　　　　　90

《由孔融被杀的罪名所想到的》　　　　　　　93

《我爱项羽》　　　　　　　　　　　　　　　96

《别糟践了"感恩"二字》　　　　　　　　　103

《闲侃上海与天津》　　　　　　　　　　　107

《东坡肘子和圣诞节》　　　　　　　　　　112

《关于读书》　　　　　　　　　　　　　　115

《文字，我们生命的底色》　　　　　　　　118

《谁伤害了我们？》　　　　　　　　　　　120

目录

《我们的赞美》　　　　　　　　　　123

《瘦的乱弹》　　　　　　　　　　　126

《时间与速度》　　　　　　　　　　129

《不说、说、说什么》　　　　　　　131

《把快乐建立在自己的快乐上》　　　133

《穿梭在梦幻与现实之间》　　　　　135

《漫说人生"四大铁"》　　　　　　 138

《倾诉与泄密》　　　　　　　　　　140

《那几件古人的旧物》　　　　　　　143

《关于"叛徒"的反思》　　　　　　 146

《善良是本性或修养,而不是手段》　150

《人生理想与说实话》　　　　　　　154

《偶读史书的闲话》	157
《起个好名字》	160
《此"易中天"非彼"易中天"也!》	163
《读易中天的〈我的历史观〉》	167
《说手》	174
《李安的〈少年派〉究竟告诉了我们什么?》	177
《一台缝纫机》	183

下部:感悟时事 187

《他可以"缺德",你不可以违法》	189
《从"损己利人"与"损人利己"质疑刘玉莲》	192
《做好事,需要不需要有个前提?》	195
《从广东小悦悦事件说起……》	200

目录

《记者,你有什么权利测试我的素质?》　　203

《由"宁做三奶不嫁穷人"而想到的……》　　206

《是不是人才,与那个球洞无关》　　209

《话说那些忽悠人的高考题》　　212

《再说那些忽悠人的高考题》　　215

上部：

饮食男女

上部:饮食男女

《一个故事、两种婚姻》

先讲一个故事。

一对夫妻闹离婚,男的75岁,女的37岁。

按常人的理解,离婚一定是这女的提的。原因很简单:37岁的女人,少女时的浪漫早已烟消云散,而中年的性爱需求却汹涌难挡。虽然对那做丈夫的有点残忍,但终归是可以理解的。

但是事实不是这样。提出离婚的是那个75岁的丈夫。他说,"为了你的幸福,也为了孩子的脸面,我们必须分开。否则我就死给你看,反正也75岁了"。爱妻之深、疼妻之切,其心昭然。无奈之下,女的同意了。

他们的旷世奇恋发生在16年前。当时女的刚过20,男的则年近花甲。女的是一个聪慧过人却无缘大学梦想的农村少女,男的是她的老师,虽名校毕业,却命运太糟,不知怎么搞的,一直在乡村的民办中学教

秋月杂文集——一个故事,两种婚姻

高中。但是他们相爱了,他爱她,她也爱他。可以想见,在 80 年代中期的农村,他们面临着多么巨大的阻力:善意的劝解、中立性的议论、恶意的猜测中伤,几乎淹没了他们。

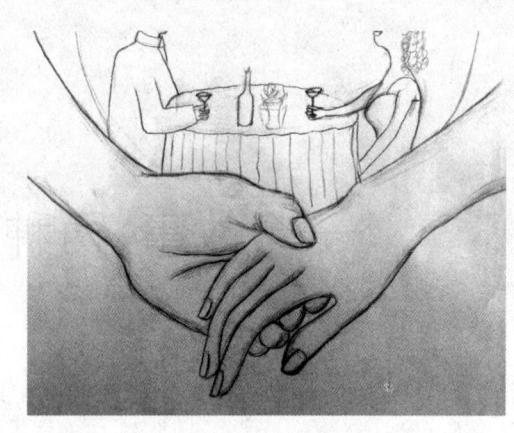

旁人的闲言碎语可以不管,但是父母亲的反对却不可置之不理。父亲以死相要挟,但是"我死给你看"这种事,比的是谁敢真死。结果是当父亲的败下阵来,因为女儿从七层楼高的桥上跳了河……

最后他们结婚了。

他们很快有了儿子,并且一如初恋的生活了 16 年。

令人费解的事在后面。离婚后不少热心人为女的介绍对象,其中一个最为般配:加拿大人、52 岁、高校教师、热爱中国文化。听了女人传奇的结婚离婚,对她颇有好感。但是女的拒绝了这个加拿大人,理由几乎匪夷所思:哪点都好,就是年纪太大了!

众人大不解:大你 38 岁的你都没嫌大,大 15 岁倒嫌大啦?

再后来的结果就不得而知了。

上部：饮食男女

这个故事说来有些味道。在那场生死相许、撕心裂肺的爱情面前，一切外界条件——年龄、身高、地位、钱财，都退避三舍，溃不成军；而只有当没了这种生死相许、撕心裂肺的爱情的时候，人们才会掂量、合计、考虑诸如年龄、身高、地位、钱财这些外界条件。所以，婚姻应该有两种：一种，我称它做"爱情式婚姻"；一种，我称它做"权衡式婚姻"。

北大学者张中行曾经把婚姻分为四种：可意的、可过的、可忍的和不可忍的。在我看来，这四种实际是两种——可意的和不可意的。"爱情式婚姻"是可意的婚姻，"权衡式婚姻"是不可意的婚姻。不可意的婚姻经过了反复权衡，决定是过下去（可过的），还是硬着头皮忍下去（可忍的），还是干脆吹灯拔蜡地散伙（不可忍的）。

张中行认为，天下可意的婚姻不多，此言甚是！我以为，可意的婚姻或者说"爱情式婚姻"，是上帝送出的为数不多的礼物，是命运中三世五劫修来的造化，是生辰八字中带来的天地间神秘的信息。它与貌美如花无关，与心地善良无涉，与出身名门也没有必然的联系，与才华横溢更是"八杆子打不着"。也就是说，你别以为具备了以上条件就能获得"爱情式婚姻"。而且有时还恰恰相反，如果上帝没有赐予你这份礼物、或者命运中没有这份造化，你不服偏去抗争，那么，貌美如花说不定红颜薄命；心地善良弄不好受欺被骗；名门望族极可能落入凡尘；而才华横溢只能平添心灵的折磨和痛苦。所以，那些追求"爱情式婚姻"的人（多半是女人),在经历了屡败屡战之后,不得不相信"命里没有",从此偃旗息鼓。而情窦初开的少女却依旧"不听老人言",满怀希望的追求自己"美好的爱情"去了。

但是,"权衡式婚姻"并非一无是处。绝大多数人生活在相互依靠、相互补充、相互谅解、"秤杆不离秤砣,老头不离老婆"的平淡日子中。也有的婚姻确实乏善可陈,但是考虑各种原因,还是不离的好,于是硬着头皮、睁一眼不如闭一眼、过一日算一天的忍下来了。现在的离婚率高,是人们把一些本来可忍的当成不可忍的了,于是离婚。还有,明明是可过的"权衡式婚姻",偏偏要改造成"爱情式婚姻",于是婚姻解体。孰不知,"爱情式婚姻"不是改造来的。

当然,"权衡式婚姻"也包括不可忍的,那就非离不可。那么什么样的婚姻非离不可呢?我的判断是两条:第一,觉得和这个人过日子比死还难受,或者离死不远了。遇到那种"混"人,把自己的配偶挤兑得生不如死,或者已经逼出人命,这种婚离了,幸莫大焉!第二,绝不是抱着"换一个比这个强"的心思去离婚。当然,离婚的目的是追求新的幸福,谁也不是为对方守着,何况本来就没了感情,但是在离婚的当时切不可有"换一个"的动机。因为婚姻中的矛盾,形式是多样的,但性质是相同的。如果不反省自己,在这个婚姻中不可忍的事情,到了那个婚姻仍然不可忍。

记得周国平说过,其实男人一辈子只爱一个女人。不管这个女人是

上部：饮食男女

否成为他的妻子,他都会把这段真情深埋在心底——女人又何尝不是？区别在于,只爱一个女人,并不影响男人喜欢其他各色各样的女人,他们永远与她们保持着真假难辨的调情和进退自如的态度。但是只爱一个男人的女人,眼中恐怕永远没了其他男人的位置。

　　当男人真正爱的女人也真心地爱上这个男人时,可意的"爱情式婚姻"便产生了,只是这个几率太小了。惟其小,才可遇不可求。我甚至怀疑,有幸进入"爱情式婚姻"的男女,自身就承载着宇宙中相同的信息密码,是几辈子前就认识了的。正如贾宝玉见到林黛玉时的感受:这个妹妹我见过。

　　回到开始,我们几乎明白了这个故事。在旁人那里,是把大38岁的和大15岁的俩男人相比;而在女人心目中,两者根本没有可比性,因为,"权衡式婚姻"是人赐的婚姻,而"爱情式婚姻"是神赐的婚姻。

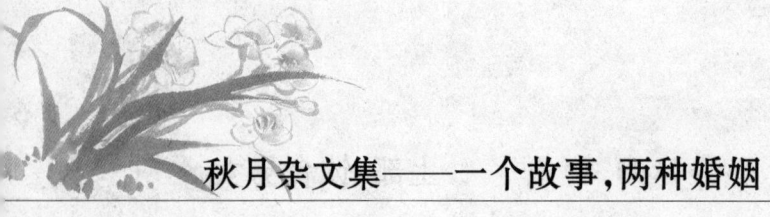

秋月杂文集——一个故事,两种婚姻

《丈夫的用处》

女人们闲聚,聊到最后,总会有一个"怨妇"作忿忿然状,痛陈她的婚姻如何的难以为继,怀疑她的丈夫是否还有为人之夫的资格。"你们说,就他这德行,我还跟他个什么劲儿!"

这时候你如果以"为了孩子凑合着过吧"劝慰她,显然有违现代婚姻的观念;可是如果你说"都什么年代了,踹了他咱换个好的",又太不负责任了。所以,左右为难。

有时我想,万事都应该有个标准。"丈夫"也应该有个标准。符合标准呢,就把他留下;不符合标准呢,再"休"他也不迟。那么这个标准是什么呢?我想应该是——有用。

"丈夫"应该有四个用处。

第一是名分的用处。"我是某某的妻子","我是已婚女人","我有

上部:饮食男女

家庭",这些都是名分,这些名分只有那个叫"丈夫"的人能给你。可别小看这个用处,它对女人非常重要。一个30岁左右的已婚妇女,其社会认可程度、被信任程度,都远远高于同龄的未婚女子和离异女人。何况

有的女人本身就很看重这个名分。我有一姐妹儿,丈夫死于车祸,但她总是对不知实情的人说,她丈夫出国了。问她为什么这么说,她说,"说实话我不成寡妇了吗",试想,连"寡妇"的身份都不能接受,况"离了婚的女人"!你如果是个看重名分的女人,就不要轻易的动"休夫"这个心思。

第二是性的用处。"丈夫"可以给你提供安全、稳定的性生活,使女人的身心处于健康正常的状态。可能是"饱汉子不知饿汉子饥",也可能是"审美疲劳",许多婚姻中的女人很不重视这点,认为"离了那事还不活了?又不能当饭吃"。实际上,一旦进入单身状态,不出太长的时间,这个原先不是问题的问题一下子成为最大的"问题"。许多离异的女人之

所以匆匆忙忙接纳另一个男人,就是因为性的困扰。结果不是遇人不淑,被骗财骗色,就是婚前了解不够,导致再次离异。

第三是实际生活的用处。比如他能给你干许多力气活;比如他很能挣钱,可以供房养车送孩子上好的学校;比如你工作忙,他却下班很早能买菜做饭接孩子;再比如他比较孝顺,能起到"一个姑爷半个儿"的作用……总之,他能干好多好多的事,而这些事你一个人干不来,或者全归你干你受不了。也不可小看这个用处,老话说的"嫁汉嫁汉,穿衣吃饭",指的就是这个用处。一旦没了"丈夫",你会一下子陷入困境,"谁能帮我一把",绝不是电影里的台词。

第四是精神的用处。听你诉苦,陪你聊天,跟你讨论社会新闻、电视剧情节,跟你争论是冯小刚的电影更烂还是张艺谋的大片更糟,给你出主意怎么跟领导斗智斗勇、怎么跟同事装疯卖傻。诸如此类,等等等等。这个用处,是你的父母、姐妹、同事、朋友、儿女,都代替不了的!随着婚姻时间的增长,这个用处会使你们浑然一体,难分你我……

名分用处是最容易实现的用处,可以打"1分",依次是"2分"、"3分";精神用处是最不容易实现的用处,所以打"4分"。合起来是"10分"。分数越高,这个丈夫越使人满意;分数越低,这个婚姻越使人怀疑。

但是使人怀疑的婚姻不见得是必须放弃的婚姻,因为每个女人对"丈夫的用处"的追求不一样。如果仅仅一个名分就能使你满意的话,你

上部：饮食男女

就不要再苛求其他，什么"夜不归宿"啊，什么"心早不在我身上"啊，什么"见了我没话"啊，由他去吧，只要不离婚。而且一般情况下，这种男人不主动离婚。

但是，如果一个丈夫的前三个用处都发挥得不错，就是"精神用处"不使你满意，让你感觉是生活在"精神的沙漠"里，你也可以考虑"休夫"。只是记住一点：四个用处都发挥得不错的男人有，但他们往往早就把这四个用处用在自己的老婆身上了！

所以，说句"长丈夫的志气，灭妻子的威风"的话，别轻易的想着"休夫"，只要他们还能发挥自己的用处。

当然，如果这些用处不仅没发挥好，反而使婚姻呈现"负数"的现状，比如，不仅什么活都不干还好吃懒做，不仅没有精神交流还饱以老拳，或者干脆生理上有了问题，那就"休"他没商量了。

只是有一点，再找四个用处俱佳者，难！因为，能把四个用处发挥得挺好的丈夫，怎么会被自己的妻子"休"掉呢？

《你是否引出我的柔情》

若干若干年前,我听过一个故事,叫《航空飞行员》,说的是苏联的事。

一个飞行员,他的妻子实在差劲儿,不仅性情乖戾,不守妇道,而且好吃懒做,邋里邋遢。飞行员下班回家,孩子哭大人叫,家将不家,人将不人。总之吧,一切女人该有的美好她无一具备,而一切女人不该有的毛病她样样俱全——简直是没法要了。最后飞行员痛下决心,把这个婆娘扫地出门。

半年后,她竟然再嫁了。这让飞行员心中酸溜溜的(这是个很微妙的现象。夫妻离异后,男人如再娶,在女人心中掀不起太大的波澜;反过来,男人心中则很不是滋味),更奇怪的是,再嫁之人竟是这个飞行员的铁杆哥们儿。这就更加引起他的好奇心,于是前去窥望。

上部：饮食男女

隔着落地的大玻璃窗，看到了前妻的身影，她胖了许多，也似乎安静了许多。腰间系着围裙，忙里忙外。身边有几个半大不小的孩子，那显然是后夫的孩子，她好像在给他们准备晚饭——总之，一派知足、踏实、幸福的样子，与以前判若两人。

飞行员找到自己的铁杆哥们儿。这位前妻的现任丈夫万般感慨："唉，你呀！这么好的女人你怎么舍得扔了呢?!"

这个故事我听了有十几年了。不知怎么的，十几年来总是时不常的出现在我的脑海里；而最近，它出现得格外清晰。

每个人都有自己的优点和缺点。问题是他（她）把自己的优缺点表现给谁，但是这还不是最重要的，最重要的是，我们有没有把对方的优点引出来的资格和能力。如果与我们交往的那个人一无是处——"简直不能要了"，那么，我们是否应该反思自己：是不是我不配让对方在我面前表现出他（她）的优点呢?!

《男人的浪漫……》

都说女人是浪漫的、感性的动物,而男人是现实的、理性的动物,果真如此吗?

最近,一家报社做了一个征文活动,主题是"追忆校园爱情"。收到征文的结果却耐人寻味:以 35 岁为界线,35 岁以下的女人的征文占了 3/4 余,而男人的征文不足 1/4;过了 35 岁、特别是 40 岁的男人的征文占了 3/4,而女人的却不到 1/4 了。

男人的一生,阶段性比较强。二十四、五时基本是个贪玩的大孩子,体内汹涌澎湃、分泌过剩的荷尔蒙使他们无暇顾及过于细腻、浪漫、虚无的情感,他们眼中的女孩没有太本质的差别,表现在爱情行为上,更多的是"单刀赴会"式的直奔主题。所以总听见二十岁左右的女孩说:"你根本不爱我,就知道干那事!"二十四、五到三十五、六,是男人的"现实期",

他们雄心百倍,英姿勃发,要建功立业,要养活家小,一切刚刚起步,一切等着他们去打拼。忙里忙外忙应酬,买房买车还贷款,生活、工作的压力挤掉了他们浪漫的激情和空间,越是好男人、有责任心、事业心的男人越没有闲情去体味那些

虚妄的浪漫,偶尔歇下来,不是和哥们儿喝一顿大酒,就是吼几嗓子足球。

过了40岁,男人成熟了,此时的他们,单位里有了位子,手头里有了票子,孩子叫他省了心,老婆让他放了心(没法不放心,再漂亮的女人,一过40岁也就那么回事儿了),不再担心后院起火,不再担心单位炒鱿鱼,而他们自己又并不老;相反,与二十四、五的毛头小伙儿比,倒平添了一种从容和稳重——男人最美丽的时光到来了。于是,浪漫情怀渐渐滋长,无论是曾经得不到的,还是已经失去的,仰或是即将到来的,他们都倍加珍惜、跃跃欲试,又回到了"贪玩"的大男孩的阶段,变得格外可爱、格外浪漫。再加上,有着十几年男女情事的经验,他们眼中的女人被拆

秋月杂文集——一个故事,两种婚姻

分得很细:有的男人喜欢年轻漂亮的,有的男人喜欢丰满性感的,有的男人喜欢柔情似水的,还有个别男人对有才华、有风情的女人大感兴趣……此时,女人的年龄对他们来说已经不很重要了——只要不是太老就行,在"保持安全距离"的前提下,他们看重的是所谓的"感觉"。

35岁到40岁,是男女浪漫气质的一个分界岭。这个年龄以后的女人越来越现实,而男人却越来越浪漫。以前的女孩总说:"你根本就不爱我,就知道干那事。"现在的女人却说:"他连那事都不干了,还说什么爱我。"于是相互的感情对应出现了"断层":二十七、八到三十五、六的未婚姑娘找不到可心的对象,因为处于"后女孩期"的她们还存留着少女的浪漫,她们无法理解同年龄的男人在现实中的打拼;而四、五十岁的单身男人又觉得同年龄的女人太实际、太不看重感情——"都是冲着我的钱来的!"五、六十岁的单身男人干脆找不到合适的半大老太太做伴侣,因为女人到了这个年龄,所有的浪漫都荡涤一尽了。

女人并不绝对痴情,男人却将浪漫进行到底。

人生进入暮年,真正追忆往事,为自己辜负了真情而自责、为自己挥霍了恋人太多的关爱而叹息、为有情人最后天各一方而泪眼婆娑的,绝对不是女人,而是——男人!

上部:饮食男女

《亲爱的,请允许我对你撒娇》

有一个大学教授,50岁上死了妻子。丧事消停后,热心人开始给他张罗对象。教授条件好,自然眼高,一般般的女人看不上。挑来选去的,终于有一个最佳人选入得教授的法眼:36岁、中学教师、没有结过婚的老姑娘。双方见面,彼此满意。

就在同事等着吃喜糖的时候,令人失望的消息传来:教授与那个女朋友吹了。

众人不解,"挺般配的呀,你怎么就把人家甩啦?"教授说:"哎呀你们不知道,一天不见面要回电话,两天不见面要发短信。见了面不是撅嘴就是流眼泪儿。我这么忙,又是讲课又是科研还得带研究生,哪有时间?再说,都这把年纪了,又不是青春年少,撒什么娇啊!"

哦……是这样……也对……

秋月杂文集——一个故事,两种婚姻

又过了半年,教授结婚了。

新婚妻子是他的学生,26岁。老少配、师生恋,绝对的浪漫。再婚后的教授果然年轻了许多,也精神了许多。

不久,关于教授年轻太太的故事不断传出,这个女学生岂止是撒娇啊,简直是骄横:高兴时坐在教授怀里,又是捏鼻子又是捋头发,全然不顾教授的同事学生就在身边;不高兴时又哭又闹,把教授的文稿、教案掼的到处都是,教授还得赔着笑脸哄她。至于不见面时的电话、短信,不等太太问,教授自己就先不先的把问候递过去了。

这回大伙儿更不明白了:那个36岁的撒撒小娇你就烦了,这26岁的撒娇到这个地步(准确说是撒泼)你倒不烦了?

"对呀?"教授愣了,无语。

原来,这撒娇是有前提条件的。前提条件是两个:作为女人,你得有撒娇的资格;作为男人,得有对撒娇者的宽容。

撒娇的资格是什么?是女人的年龄!年轻的女孩儿、少妇,无论丑

上部:饮食男女

俊,都是可以撒撒娇的。撅起樱桃口、吊起杏核眼、举起小拳头,再捏着鼻子来一句"讨厌"——有点意思。年长一些的女人,自己没等撒,心里先发虚,就算一时忘情,引逗起少女的情怀,撒了一把,少不得让周围人侧目,弄得人家"汗毛立正"。更何况有的女人、特别是当了妈妈的中年妇女,早把这个"规定动作"忘干净了,偶尔撒一把,手生得很。

但是女人具不具备撒娇的资格并不是最重要的,最重要的是你撒娇的那个对象。那个男的愿意不愿意你撒娇,爱看不爱看你撒娇,允许不允许你撒娇。如果他愿意、爱看、允许,用老百姓的话说,"吃这一套",甭管多大年龄的女人,都会撒它个眼含秋水、面泛桃花。在那个男人的宽容下,经常撒娇的自然轻车熟路、屡试不爽;多年不撒的也会旧事重提、权当复习功课了。维持在撒娇者与被撒娇者之间的,无他,是爱情!

所以,判断一个女人是否爱一个男人,就看她在这个男人面前撒不撒娇;同样,判断一个男人爱不爱一个女人,就看他允不允许这个女人在自己面前撒娇。那个教授拒绝了那个36岁的中学教师,问题不在撒娇,而在于,他不爱她。而爱,是没有道理对外人讲的。

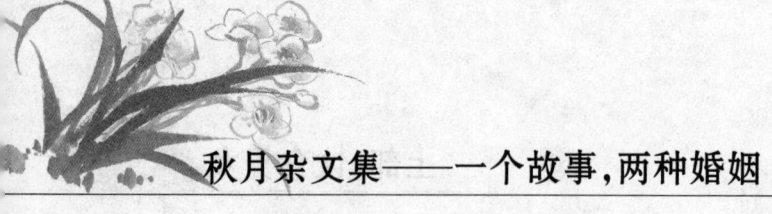

秋月杂文集——一个故事,两种婚姻

《有这样一个故事》

作家吴淡如讲过这么一个故事,说一个男人,年轻的时候吃喝嫖赌什么都干,他的妻子也曾组织人捉奸,结果,老公死活不离婚,理由是在外面只是玩玩而已,并不想失去妻子失去家。就这样过了一生。后来他们的女儿出嫁了,也嫁了如是的老公。女儿发现事实后,打电话告诉妈妈,她的妈妈劝她认命,女儿不干,坚持找爸爸说理。故事讲到这,吴淡如问大家,你们猜老爸怎么说,在座的女人都说,那还用说,劝女儿呗。但是几乎所有在座的男人都说,他敢?我宰了他!故事的结局正如男人们所说的,那个胡子都白了的男人吼道:"他敢?我宰了他!"

男人和女人的思维逻辑决然不一样。

女人的逻辑是建立在联想上。对一件事的判断,是依据以前有过的相类似的个案,就一堆事论一件事,或就一件事论一大堆事。男人不是

上部:饮食男女

这样,男人的逻辑是建立在利益上的,他们审视问题的标准很单一:你的就是你的,我的就是我的,属于我的,你就不能伤害,不能碰,否则我就揍你。女儿是我的,所以女婿的出轨伤害了我的女儿,我就不答应!老婆也是我的,我的出轨伤害了老婆,但是那是我自己的事。所谓的"我的,我可以伤害,也可以疼爱,但是,你不能染指!"

由此可见男人与女人的差别是很大的,女人是不该清楚的事情她比谁都清楚,比如谁家闹离婚啦,谁和谁好上啦等等;该清楚的事情却往往不清楚,比如自己的老公究竟喜欢什么。而男人刚好相反,该糊涂的事情他糊涂,比如别人的事情,不该糊涂的事情他绝对门清。

什么时候女人也像男人这么想问题,可能打架闹离婚的事就少多了。

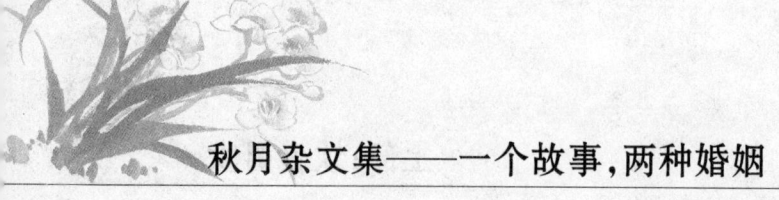

秋月杂文集——一个故事,两种婚姻

《"性趣"杂谈》

无论男女,如果与你打交道的异性对你不产生一点点的"性趣",这绝不是什么好事;同样,无论男女,如果你对你面前所有的异性都不产生一点点的"性趣",也不是什么好事。

"性趣"实际上是对一个异性在"性"方面的优点的认可和欣赏,至于是否占有,则是另外一回事。所有的人对你无"性趣",只能说你身上少了这种优点;你对所有的人无"性趣",要不就是他们都不具备这种优点,要不就是你缺乏发现这种优点的能力。当然,什么算做"优点"又因人而异。所以,无论男人看女人,还是女人看男人,都分两大类:有"性趣"的、无"性趣"的。

撇开无"性趣"的不说了,只说有"性趣"的。这里又可以细分,大致应该分为四类:爱、情、喜欢、不讨厌。

上部:饮食男女

先说爱。只要是经历过爱的人都应该知道,这是一种怎样的沉重!所以这个字还是不要轻易提起吧。

爱的最大特点是付出,是责任,是生死;是把自己的一生都交付出去也不后悔的"糊涂";是把这个人放在屋里都看不见、而没了他(她)却觉得哪儿不对劲的"错觉"。爱,如果不与牵手结合,不与责任配伍,不最后走向平淡,就不是爱,而是激情。但是,年轻时候往往分不清爱与激情,中年以后明白了,反而不敢碰她了。因为,爱实在实在是太沉重,而中年以后,手里"拎"的东西又实在实在太多,既没有多余的"力气",也腾不出手来。不提爱,恰恰是因为太高看了她,太不敢亵渎了她了……

再说情。放下了爱,次重要的就是情了。

情是一种激荡、一种激越、一种多巴胺在外界刺激下突然分泌过剩的反应。情有两个特点:一是"死不改悔"。如果你有兴趣把从青葱少年开始、到人生暮年为终,所有让你产生过激情的人总结一遍,你就会发现,他(她)们一定具有某一个共同的特点,或是容貌上,或是才情上。二是"爱憎分明"。情可以往前发展一步,变成爱;也可以倒退一步,变成"没感觉",但是绝不会长时间的"原地不动"。最微妙的是"没感觉",一旦激情过后,就跟没这回事一样。人过中年之后,难得有这种激荡和激越,也不是任谁就能调动起你体内日渐稀少的多巴胺的。所以,在两情相悦的前提下、在双方认可的前提下,珍惜好、保护好、利用好这份激情

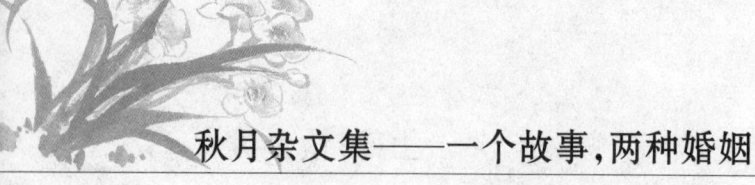

秋月杂文集——一个故事，两种婚姻

吧！在激情时做激情事，实乃人生一大妙事。所以，我的"歪理邪说"是：发烧的药最好在发烧度数最高的时候吃。

如果说"爱"与"情"太难区分的话，那么"情"与"喜欢"却有着一条比较清晰的分界线。

喜欢多诉诸语言，激情多付诸行动。当然激情也伴随着语言表达，但多半是"昏话"。喜欢实际是一种宽容，是对一个异性的某一优点高度赞赏、而对其他缺点一律"忽略不计"的大度——"与我何干呢？"喜欢一个人就如同观赏一枝花，摘下来放眼前当然更好，但是如果"花农"看得严，或者花枝刺儿太多，远远观望倒也无妨。如果"情"往前迈一步就是"爱"的话，那么"喜欢"与"爱"却有着相当的距离。"我爱你"，男的说；"不，你只是喜欢我罢了"，女的充满忧怨。"你爱我吗"，女的问；"我喜欢你"，男的略带歉疚。在"爱"与"喜欢"上，男女都变成了字斟句酌的语言学家。

"不讨厌"是最怪异的态度。按常理说，与我们打交道的绝大部分人都可以划到"不讨厌"的范畴里去，但是在"性趣"面前，"不讨厌"又有着特殊的含义。他可以贫嘴滑舌，可以没大没小，还可以满嘴黄段子，甚至可以无伤大雅的拉拉扯扯、动手动脚；你呢，不生气、不拒绝、不主动。这种"三不主义"的态度就像一面看不见的墙，使对方既不至于索然无味，又不能多迈一步。另外，"不讨厌"一般是女人对男人而言的，这是它的

上部：饮食男女

又一怪异之处。

"性趣"的本源是"性"。看谁都有"性趣",不说是无耻至少是无聊;看谁都没"性趣",不说是无聊至少是无趣。对异性有"性趣"是正常的事,怎么把握"性趣"——语言?还是行动?则是你们俩自己的事。

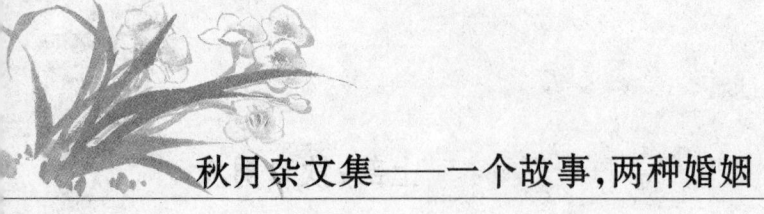

《女人再老也姓"女"》

衰老,是生命中不可抗拒的过程和结果。它的微妙之处在于,以一种既匀速前进又人人平等的形式呈现在你的面前。无论你是在体力上较劲,还是心理上不服,或者干脆借助化妆品来"装嫩",都阻挡不了"老"的步伐。

较之男人,女人更加怕老。这其中也不全是女人的矫情,也有相当一部分的合理的理由。

首先说,老,意味着生育能力的减弱乃至最后消失。一个身体强壮的男人即便到了六、七十岁还可以让女人受孕;但是再强健的女人,一过五十也很难怀上孩子了。老,向女人昭示着你作为女人最最基本的能力没有了,焉有不怕之理?

其次,老,使女人逐渐丧失了容颜的美丽和身材的婀娜,而这两点是

上部：饮食男女

她们获取男人情爱和宠爱的法宝。无论古今中外，男人对于女人的关注从来没有彻底离开过这两点。所以，与其说女人是自降身价、投其所好，还不如说是男人的审美需求使之所以然。

随着人们大踏步地迈进现代社会，衰老给女人造成的第一个威胁的力量减弱多了，但是第二个并没有减退——女人仍然怕老，怕容颜不再美丽，身材不再婀娜，声音不再娇媚婉转——这是女人的本钱，更是女人的本性。所以我认为，用"装嫩"甚至"放下尊严去装嫩"来评价它她们，未免有些残酷了。而让她们放弃"装嫩"去追求所谓的"尊严"，我倒觉得是一种莫大的损失。

中国经历过漫长的封建时代，在那个时代，女人，尤其是没有获得家族认可、取得家庭地位的年轻女人，被压在社会和家庭的最底层。她们除了必须遵守"在家从父、出嫁从夫、夫死从子"的所谓"三从"之外，还得做到"四德"：莺声燕语、嗲声嗲气的不可以，因为不符合"妇言"；容颜娇媚、身材婀娜的不可以，因为不符合"妇容"（"妇容"的标准不是美丽是干净、整洁）；至于跟丈夫撒娇示爱更是不可以，因为不符合"妇德"。古代的年轻妇女只有生了孩子特别是男孩子，才取得了家庭中的地位；而作为母亲，哪有当着孩子面向丈夫撒娇的道理？久而久之，背后撒娇也不会了。古代女人生孩子早，不到二十岁就做了母亲，就"庄重""尊严"起来了，一"庄重"就"庄重"了大半辈子。所以，我们无论是在文学作品中还是绘画中，所看到的中国母亲都是皱纹满脸、白发蓬乱的形象，要是培养了一两个"英雄儿女"，更是一幅"苦大仇深"的样子。

中国的女人不姓"女"而姓"母"，她们只有尊严、庄重、端庄，而少有妩媚、婉约；"尊严"也好"端庄"也罢，它是中性的，不是女性的。

但是男人或曰丈夫们还是喜欢妩媚婀娜、善于讨巧的女人，做妻子一味端庄，在丈夫面前失去了位置，只好找社会去讨要，于是我们看到的是"亲切的老姐、贤惠的老嫂、慈爱的老妈、慈祥的老奶"，看到的是"老嫂如母"、"老母亲是家庭的核心"、"老奶奶是家庭的尊严和荣誉"。果真如此，这对于男人和女人，都是一大损失。

我们不必在中外普通百姓的女人中做对比，我们只要看看女人中的娇宠者——女演员，就可以得出结论了。国外的女演员，即使到了六、七十岁，仍然有着那个年龄的女人应有的魅力：索菲亚率真性感、德纳芙高贵典雅、斯特里普妩媚明艳，而我国的女演员呢，一旦上了点年纪，充其量是"德高望重"，女性魅力大打折扣。

上部：饮食男女

"装嫩"不可怕反倒可喜,因为既然知道"装",就说明还在为女性的魅力而努力。只是有些时候可能"装"的不得法,不得法可以改变,可以变的得法。但是认为"装嫩"就是放下了"尊严",甚至认为"懂得尊严的意义就不会怕老、厌老",我认为是片面了。

张爱玲说过一句名言,叫做"真正的女人只会死,不会老"。

"死",是生命的终止;"老",是女性魅力的消失。真正的女人应该到死也是"女人",也有女人的魅力。这个魅力不是"装"出来,而是自然而然的"流"出来的。但是,如果连"装"的练习机会都不给,估计也就"流"不出来了。

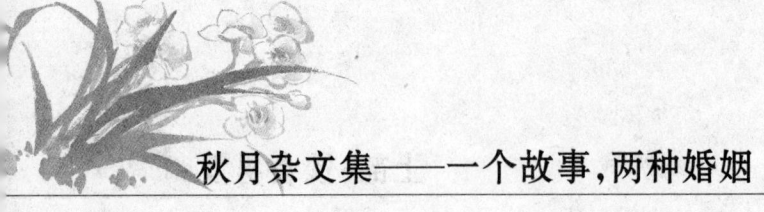
秋月杂文集——一个故事,两种婚姻

《一个故事的随想》

这是一个从朋友那里听来的故事。

有一女记者,在一个上档次的文人沙龙上,意外遇见自己大学时代的偶像,一个诗人。但是此时的诗人已经落魄了,前妻跟他离了婚,后来的女友也跟别人跑了。虽然他还自认是这个圈子里的人物,但是圈子里的人大都不买他的帐。诗人坐在角落里,郁郁寡欢。女记者走过去和他搭讪,交谈还算愉快,诗人居然说"对你有印象"。

散的时候,诗人提出送女记者回去。

汽车行驶在一片月色中停了下来,诗人手握方向盘,眼睛看着前方,缓慢而低沉的说:"以前我一直不明白自己为什么要写诗,后来不明白为什么要离婚,也不明白今天为什么来这个沙龙,现在我懂了,冥冥中的一切,都是为了让我遇见你……"女记者有些恼,但还是强压了恶心,说,我

上部:饮食男女

给你讲个故事。

几年前,女记者在内蒙采访过一个滞留在牧区的北京男知青。因为种种原因不能像别人一样返城,男知青受了点儿

刺激,精神不是很正常。三十大几的人了,连个媳妇都说不上,好容易有个带着孩子的女人愿意跟他,没过一年还跑了。男知青的房子里,光线昏暗,零乱不堪,散发着一股难闻的酸臭气味。采访结束时,男知青要求和女记者握一下手。因为开始采访时握过一次了,再加上他手上的粘腻和传达出的暧昧的欲望,女记者拒绝了。男知青说:"我已经十年没有摸过女人了,你是我十年中第一个摸过的女人,我想要女人。"

诗人听完了说:"真可怜。"

记者说:"你跟他有什么两样?"

这个故事没有下文,估计是不欢而散。

我感兴趣的不是这个故事,而是诗人的那番话。什么人这样说话?他为什么这样说话?他对谁这样说话?

显然,这样说话的是"文人"。

看,他把汉语拿捏得多么准确、多么流畅、多么优美啊!但同时,这

秋月杂文集——一个故事,两种婚姻

又是个落魄的"文人"。因为男人一旦落魄,最大的显证就是身边没有女人"上赶着"了,否则,投怀送抱者甚多,他挑挑拣拣还来不及,兜这个圈子干嘛!如果联想他选择的场景——月色之下、动作——眼睛看前方、语调——缓慢而低沉,这种"好戏"他肯定演过不少回呢。

其实,这个所谓的诗人要表达的意思,与那个精神有些失常的男知青是一样的——多少年没摸过女人了,想要女人。但是,他偏偏不这么说,倒不是"情调""身份"什么的,而是说话的对象使然。

肚子里有些"墨水"的男人总是经验性的认为,年轻女人或者虽不年轻但好歹是有文化的女性,往往生性浪漫,向往非世俗化的爱情,相信所谓的"命运中的真命天子"。这种精致的汉语是攻破女人心理防线的最佳武器。如果面对的是一个追求功利的女人,就算你想跟人家"犯酸",人家还不拿正眼瞅你呢——"瞧你那穷样!"

女记者虽然年轻,虽然是文化女性,但好歹见过世面。要是20岁的女大学生,后果可能就不那么乐观了。由此我想起了贾平凹说的一句话,对于20左右的女孩子,有三种男人不能碰,其中一种就是大你10岁以上的男人。此言甚是!

上部：饮食男女

《说说再婚这个事……》

最近,天津的媒体上一连串报道了几个再婚事件,看后,令人唏嘘,令人感叹。

第一件事,一对再婚夫妻,男的35,女的38,都是离异多年的。2003年1月经人撮合再组了家庭。到2005年9月,女的检查出患有肾病综合症,需住院治疗。这个做丈夫的把妻子送进医院后就再也没有露面。治疗费用1.1万,全部由娘家所出。大概是看到女婿的态度会使自己的闺女受委屈,所以出院后娘家把女儿接回来疗养。日前,女方以住院治疗期间丈夫不尽责任为由,把丈夫告上了法庭。最后的结果是女方获胜,丈夫赔付医疗费8000元。(以上报道见10月15日《今晚报》第五版)

看完这个报道,大家感慨万千,说,且别问这8000元最后怎么出,估计这对夫妻也走到婚姻的尽头了;又说,到底不是原配,如果是原配夫

秋月杂文集——一个故事，两种婚姻

妻，砸锅卖铁也得给她治啊……

又一件事，一个叫"李姐"的40多岁的女人，28岁时结婚，结婚还不到三年，女儿才一岁多，丈夫就因车祸瘫痪在了床上。这李姐又当爹又当娘地伺候了丈夫十多年，四十岁时丈夫去世了。女儿也大了，终于喘口气儿的李姐很快就结了婚。但是命运弄人，才结婚半年，李姐的再婚丈夫重蹈前夫的覆辙，也瘫痪在床。李姐二话不说，立马离婚走人了。

对于李姐的离异，说什么的都有。有赞成的，说"李姐命也太苦了，这辈子光伺候瘫子丈夫了，一个不够还来俩？就是一个人过，也落个轻省啊"；也有大摇其头的，说"到底不是原配呀，前面那个伺候了十几年都没提离婚，再活十几年也得伺候，这个十几天都不等啦"。

还有一件事，事主是一位李姓的天津文化界名人。李的母亲去世半年，李父要再婚。做儿子媳妇的都是文化界的开通人士，哪里有反对之理。但是一问这"新娘"是谁，倒叫人吃一惊：是媳妇的母亲、自己的岳母！更奇怪的是，岳母早年丧夫，单身多年没动过这心思，快六十了居然同意了。这让夫妻二人很尴尬。但是尴尬归尴尬，最终还是同意了。二老简单举行了仪式，就搬到了一起住，儿子媳妇连改口都免了。

但是好景不长。三年后，岳母（现在的后妈）患腰间盘脱出，躺在了床上。李父倒也没提离婚，只是雇了个保姆伺候，自己搬了出去。该怎么玩儿还怎么玩儿，该怎么乐呵还怎么乐呵。棋摊前，舞场里，到处见他

上部:饮食男女

的影子,全然不提家里有一个卧病在床的法律上的妻子。

更耐人寻味的是这个岳母(后母)的态度,虽然只是三年的夫妻,却对这个原是亲家公、现是丈夫的男人恨得不行。经常对女儿女婿说"你爸心里没我"。

人们说,看看,如果这是三年前,俩人没做夫妻,甭问,她也不指望这个亲家公来关心她了。

看了这几个报道,我也是感慨了许多。

随着社会的发展,离婚率节节攀升。从某种意义上说,这是社会进步的标志。在上个世纪八十年代以前,以"介绍"为大部分的婚姻,却维持着世界发达国家少有的"低质量、高稳定",这是不正常的。加上"离婚没好人,好人不离婚"的偏见作祟,加上"两地分居"的中国特色,个中苦痛恐怕只有当事人自己知道了。90年代以后,离婚率上升。离婚自由、离婚手续简约化,都是经济发展、观念更新、社会氛围宽容、个人价值提升等方方面面的综合结果。

离婚的目的当然不是"守节",是为了寻找新的幸福,寻找更适合自己的人,因此,再婚的人(一方或双方再婚)应该多起来。但是奇怪的是,离婚的比以前多了,再婚却没有因此变得比以前容易。据天津市民政部门报道,天津市每年有20万对夫妻离异,造成40万的单身男女。从理论上说,这些单身男女重新组合的可能性应该是很大的,何况还有一部分人选择未婚者。但是事实不是这样,再婚"那是相当的困难"。相反,再婚又离异的却占了很大的比例,比如前面的三个案例。

对此,社会各类专家都提出了许多建议,我个人倒是有些不同的想法。

第一,我认为,再婚也好初恋也好,还是应该以"情"为主。只有双方都对对方产生了深厚难舍的"情",包括爱情、恋情、怜情、亲情、友情,总之,是一份"不忍之情",才可以考虑结为夫妻。这样,在相安无事的情况下,夫妻相互扶助,平静的过日子;在大难到来之时,"情"使我们共度难关。我想,那些在一方有难、不肯舍弃对方而为对方分忧的人,一定是婚前和婚姻中建立了深厚的"情",所以才没有"大难来时各自飞"。

现在离婚或丧偶的人,在考虑再婚时,更多想到的不是"情",而是"合适":年龄啊、地位啊、带不带孩子啊、房产啊、存款啊,等等等等。如果在某一点上明显"掉价",势必得用另几点上的优势来弥补——这就叫"合适"。孰不知,"合适"是可能变化的:经济条件好的可能破产,地位高的可能降职,身体好的可能生病。就是子女也可能出现比较大的问题,这样一来,"合适"就变成了"不合适"。那么以"合适"而缔结的婚姻还会因"不合适"而解体,就像前面那三对儿夫妻。

也许有人说,你的想法太理想化、太天真、太不现实了,这年头哪还有那么多看重"情"的人呐,别说再婚的,二十几岁的年轻人都不讲究

上部:饮食男女

"情"而讲究"实惠"了,你找有"情"的,一辈子也找不到。

这就是我说的第二点,找不到,那就不找。

我一直认为,在寻找配偶的过程中,还是得有点浪漫因素的,还是得要些"不实际"的东西的,还是得有那种"我就愿意和你在一起"的傻劲儿的。确实,现在的人比过去精明多了、实际多了,痴情重情的人越发少了。那么宁愿找不到,也不放弃原则而凑合。凑合的结果是,一旦有点风吹草动,就会给双方带来伤害。那三对儿夫妻,第一个官司是胜利了,日子还过得下去么?都伤了对方;那个李姐,自己伤害了瘫痪的再婚丈夫不说,将来再结婚落个"三婚",也不是什么好事;第三个案例,半辈子的好亲戚,就毁在这三年中了,连带着儿女在中间难堪。

初次离异的婚姻就象一个摔碎的碗,重组的婚姻就象把两瓣碎的碗片捏在一起。碎碗片裂开的曲曲折折的边缘,就如同求偶的"条件";碗片对上碗片了,就叫"合适";而"情"是沾住两个碗片的"胶水"。对上的碗片没有胶水,哪怕一个小小的震动,也可以让两个貌似合拢的碗片瞬间开裂……

《还说再婚这个事……》

前几天看张越的一档节目,说离异或者丧偶后,男性在 5 年之内再婚的比例为 82%,而女性只为 5%;10 年之内几乎 100% 的男性再婚,而女人不超过 30%。

张越由此说到了什么人老珠黄,女人难嫁,如果带着孩子更是难上加难,等等,意在提醒不要轻易离异。

表面看,张越说的不错,但是我有一个新的想法,那就是,离异或者丧偶后的再婚,并不一定是张越说的那几个原因,而是一个心理因素。我总结为,对异性的依赖感越强,那么包容性就越强;而包容性越强,对异性的要求越低,越容易再婚。

女人年轻时,对于男性的依赖感很强;但是随着年龄和阅历的增长,女人的依赖感越来越差。而且,越是成功的女人,越少对男人的依赖。

上部:饮食男女

而男人则不。

其实,男人一向是脆弱的动物,"大男人"的说法,不过是男人自己给自己打气罢了,男人的一生是离不开女人的,没有了女人,男人活不下去。所以易中天有一句话,说

男人一辈子在女人怀中吃奶,小时候在妈妈怀里吃奶,长大了在媳妇怀里"吃奶"。年逾七旬的邢公畹先生的太太去世时,他的老友王延栋说,"邢先生哭的,就跟没了娘的孩子一样"。而晚年的邢先生之所以过得不错,是因了大儿媳妇的精心照料。

很多人把男人离不开女人理解为性的需求,说"没出息",而男人似乎也乐意接受这种"没出息"的说法;实际上,与其说生理需求,不如说心理需求。中年之后的男人,对女人的依赖越来越强,所以到老了,男人变成自己的老婆的另一个"大儿子",这种情况相信很多女人深有感触。

正是因为这种"离开女人活不下去"的情形,所以男人对女人的要求很低——能照顾我就行,所以对女性的包容就大,就容易再婚。

而中年之后的女人,对男人的依赖却日益减少,假如一个男人不能给一个单身的女人带来更好的生活,这个女人又何必在中老年之后再找一个男人呢?我想,这可能是大部分女人尤其是自立的女人不愿意再次

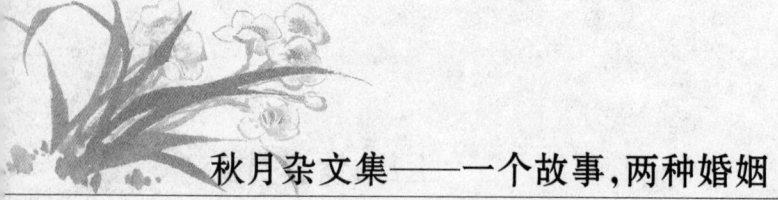

秋月杂文集——一个故事,两种婚姻

进入婚姻的原因吧。

当然也有女人愿意照顾老男人的,那就是有所图,实际是一种劳动力交换:我付出伺候你的劳动,你呢,给我提供物质上的保证。所以常常听到中老年女人说:"不嫁人,谁给我儿子腾房子结婚啊!"

上部：饮食男女

《我爱"色鬼"——说于格》

一

有着800年贵族血统的于格.德.蒙达朗拜尔,是法国的一位盲人画家、作家。29年前,于格的家遭到歹徒的抢劫,双眼被硫酸泼中,从此双目失明,时年35岁。令人唏嘘感叹的是,失明前于格创作了一幅油画,画面上是一个黑人牵着一匹马。油画没有完成,只剩下黑人的眼睛和马的眼睛,于格怎么画都觉得不满意,于是就用颜料把眼睛先盖上了,失明后的于格的双眼被缝合,而不是安装了假眼,这样于格必须永远带着眼罩,一如他最后油画上

的那个黑人和那匹马……

　　失明后的于格除了由绘画转向写作外,没有放弃以前所有的爱好——骑马、爬山、游泳、滑雪、旅游,更没有放弃以前的"好色"——喜欢女人。当被问到失明后最遗憾的是什么的时候,于格说,是看不见心爱的女人了,"我不能用眼神和她们交流",但是"真正让我感到难过得是那些有眼'无珠'的人,他们看不到多少东西,看不见世间的真善美"。

二

　　日前,于格带着他的《残杀光明》来到中国,他手里细长的盲人竹竿来自陕西著名的道观楼观台,因为使用时间过久,竹竿已经发红了。之所以接受这个道观赠送的竹竿,是因为于格崇拜老子。他可以用熟练的中文说出"老子""《道德经》"这样的词汇,还可以背诵"道可道,非常道……"

　　于格一点也不掩饰自己对女人的喜爱、痴迷、追求。在《残杀光明》一书里,于格用相当多的篇幅描写了他失明以后的爱情生活,"爱我的女人很多,并不止书中提到的。优秀女人真心的爱着我,没有考虑我是个盲人,她们是

上部:饮食男女

爱我这个人本身"。由于书中用词大胆,《残杀光明》的中文版有许多处删减和修改。书的结尾,于格引用了神经科医生哈马用泰米尔语写的诗句,但是出版社还是谨慎的改成"我们不在战场上死去,就死在女人的怀抱里"。也许是习惯,于格在和前来要求采访的女记者合影时,总是不自觉的把她们的腰搂了又搂……

三

从这个角度说,于格是个"色鬼",但他是一个充满了才情又充满了生活热情和活力的"色鬼",而这种"色鬼"我们周围貌似不多。他们要么满腹经纶却循规蹈矩、了无生趣,要么带着干瘪的眼神和同样干瘪的大脑去完成和女性的约会。我在一次小型的朋友酒会上做过一个简短发言,题目是"是真才子自风流"。所谓的"真才子"应该具备  这样几个特性:一、心地善良,眼神单纯,绝少功利心;二、个性鲜明,或内敛、或张扬、或温婉、或尖刻,但绝不走中庸路线;三、敢于说实话,他们只相信真理不相信权势,让他们低头比断头还难!四、热爱生活,敢于爱优秀的异性并接受优秀异性的爱,且不掩饰、不怕流言。

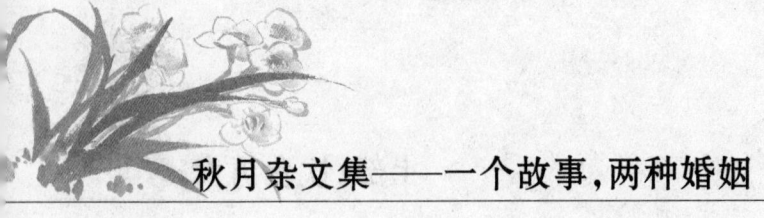

《夫妻一如饮食搭配》

中午,如往常一样去老娘家蹭饭,羊肉饺子。

我自小生活在回民区,养成了不吃猪肉的习惯。为此,小时候特地申报了"习惯回民"的单独户口(国家规定,凡长期居住在回民区的汉民,因饮食习惯的改变,可以申报"习惯回民"),这样,在票证供应的年代,我就可以多买许多的牛羊肉了。

煮饺子时我跟老娘说,麻烦捣几瓣蒜,蘸着醋吃。一会儿老娘弄得了,我一看,蒜不是捣出来的,是用刀切成的细末。我说,这味道就不对了。捣的蒜泡醋,适合蘸着羊肉饺子吃;切的蒜末泡醋,适合蘸着螃蟹吃……老娘说,您啦将就将就吧!

俗话说,京油子、卫嘴子。这"卫嘴子"是指天津人讲究吃喝。没办法,九河下梢天津卫,东面临海、北面靠山、市中心有九条河流穿过,吃喝太富裕了。又背靠国都,安全不愁却国事不想。反正中央安全天津安全,有一天天津倒霉,中央也就保不住了。所以天津人普遍懒,没有进取心,"够吃够喝就行了",什么"文化"啊"思想"啊"民主"啊,都是"吃饱了撑的"。于是天津人就琢磨吃。

早点,烧饼加驴肉,搭配的是馄饨;小窝头,得搭配豆腐脑或者锅巴菜;煎饼果子,最好搭配着豆浆吃。当然天津人也吃洋早点,面包抹黄油果酱,那就得来碗牛奶了……这几种搭配绝对不能乱,否则,天津人说吃着"冽心",就是连心带胃口统统地不舒服了。

正餐,米饭最好配着带鱼、黄花鱼,再来碗西红柿鸡蛋汤;大饼最好来盘炒鸡蛋或者醋熘白菜,临了来碗稀饭。说起稀饭又有讲究,白米稀饭要配上咸菜,红豆稀饭反而要配上白糖——倒过来绝对不是味儿。如果吃小窝头,最好就着臭豆腐或炒虾酱;如果贴饽饽,最好配着熬小鱼,这时候大的带鱼、黄花鱼反而不灵了。馒头么,新出锅的倒不受欢迎,而应该在有水的冷锅里放凉了,又筋道又不干硬,才好吃。吃凉馒头最好

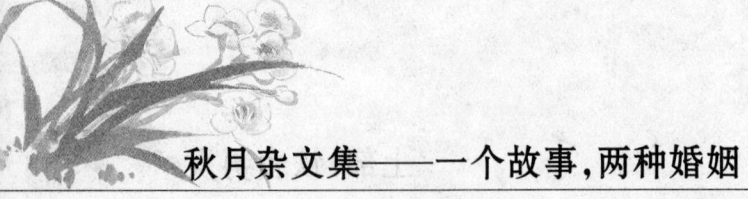

的搭配是花生米,天津人叫"果仁",著名的"果仁张"就是这么来的。

您非要倒过来,吃米饭来块臭豆腐?撕着大饼来碗牛奶下肚?啃馒头就着黄花鱼?既糟践了米饭、大饼、馒头,也对不住那臭豆腐、牛奶和黄花鱼了。

饮食搭配如夫妻,或者说夫妻搭配如饮食。无所谓好与坏,就在于对劲儿。曾经我就特羡慕人家两口子一合计,就杀人放火去了——不是羡慕杀人放火啊,我胆子小而且觉悟还高——是羡慕人家怎么就这么想得到一块儿……

上部:饮食男女

《我的恋爱与男人的没钱》

遇见一个求婚的,说,"我没有钱,也没有房,也没有工作……"

我一听发懵,以为遇见冯小刚《天下无贼》里范伟扮演的那主了,"打……打……打……啊劫!"心说你打劫也别劫我呀,你没钱我有钱但钱不多;你没房我有房但房不大;你没工作我有工作但工作一般——一个吃粉笔灰的。但是我还是一不小心说出来实话:"那,你能给我什么呢?"说完这话我这个后悔啊!这哪像受过正规高等教育的大学老师啊,简直是街口卖咸带鱼的老娘们儿。

但是求婚者似乎没有感觉到我的后悔,深情地说:"我能给你的,是我的心!"

从某种意义上说,男人没钱就如女人不漂亮。

女人如果不漂亮,对待自己不漂亮的态度大致有三种:第一,就这样

秋月杂文集——一个故事，两种婚姻

了,反正不漂亮的人占大多数,到哪山说哪话,该过什么日子说什么日子。第二,发愤不服,"姑奶奶就不信这个邪!"于是攒够银子去整容,跻身于漂亮者的行列。我个人以为,这两种心态都可取,都是正常的。最要不得的是第三种心态——否定漂亮的意义,"漂亮有什么好?那是祸!"

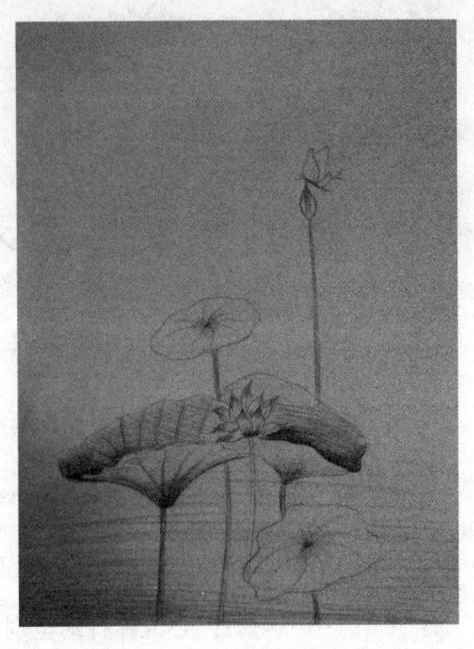

"漂亮不重要,重要的是心灵美。"自己哄自己玩就算了,何必埋汰别人呢。

男人没钱也是这样,你可以认头自己是穷光蛋,也可以发奋挣钱,但最要不得的是第三种做法——否定钱的意义和用处,"钱多了没用,惹祸!""都是钱闹的,没钱就没事。""钱有什么用?感情才最重要。"说这种话的男人,特别是中年男人,往往是以否定有钱人的意义、否定钱的意义,来掩饰自己的失败和无能。一旦他得到钱,估计得惜金如命,爱钱爱得邪乎。

上部：饮食男女

细追究，男人没钱和女人不漂亮还不太一样。女人不漂亮，但只要本分安心，还是能做一个好老婆的；再说，多漂亮的女人、多不漂亮的女人，看长了也那么回事了；还有，多漂亮的女人，一过40岁，也那么回事了。但是男人的没钱不一样，往往，打着"我虽然没钱但是我有一颗爱你的心"的男人，最后，钱还是没有，"心"也含糊。不信，那些因为相信"一颗爱你的心"的女人最终变成苦哈哈的黄脸婆，抱怨"跟你算倒了八辈子的霉了"，就是例证。

再说我当时的反应，按理，我这个学文学学得走火入魔的人，应该听完这话，眼含热泪，扑进他的怀抱……

但是我没有。

我们的"恋爱"在逻辑极为混乱的辩论中宣告结束，他想方设法让我相信，"钱没用"；我则竭尽全力向他证明"没钱不行"。比如我说，"前几天我儿子高考模拟，英语考了98分，急得我呀！于是我给他报了个英语补习VIP，一口气交了6400，结果才上了7个礼拜，这小子的英语就从98提高到120了。你说，钱怎么没用！"

您要问"恋爱"的结果？还能怎样？散伙呗。

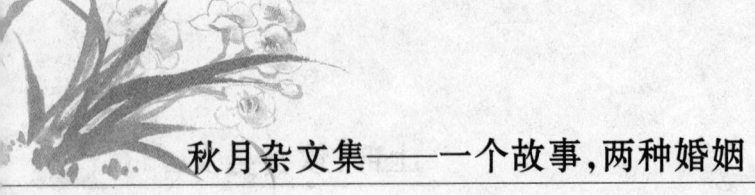

秋月杂文集——一个故事,两种婚姻

《"好男人太少了"?》

"好男人太少了"——许多人都这样感叹,我弟弟这么说,我的"闺蜜"也这么说。我的老同学干脆挑明,"好男人都是有主的了"。想想也对,谁在寻找好男人呢?当然是待字闺中、欲托付自己终身的女人了,难不成不找好男人专挑坏男人么?所以一旦开始寻找,才发现,好男人要么确实是太少了,要么就早早的做了别人的丈夫了。那么,究竟是好男人压根儿就少呢,还是好男人曾经多来着,而现在变得稀少了呢?

其实,人无所谓生来的好坏。对于主张人性善的人来说,哪怕你举出100个例子证明人性之恶,他也能举出101个例子说明人性之善。其实,人性是中性的,是否变坏,要看两点:一是诱使你变坏的因由有多少,二是变坏的成本有多大。

三十多年前,没有网络没有电视没有黄色书刊,连电影都少,只有

上部:饮食男女

"八个样板戏",想变坏的诱因就少得可怜。但是,诱因并不重要,重要的是,变坏的成本的大小。

古代的婚姻制度有"休妻"一说而没有"休夫",总使女人为此愤愤不平。事实上,男人是不敢随随便便"休妻"的。所谓的"妻",须经过三媒六证、父母同意、八抬大轿、拜天地祭祖先、步入洞房等一系列繁琐的程序之后,才迎娶进门的,牵扯了家族和社会的多重关系,哪是那么轻易"休"掉的!不敢"休妻",就是因为成本太高。而妾就不是了,娶妾不需要媒人,不需要拜堂,甚至不需要认识妾室的父母,妾可以买,可以送,还可以转让——历史上的赵姬不就是让吕不韦给转让出去么?《红楼梦》中的秋桐不就是贾赦白送给贾琏的么?所以妾室被"休"的成本就低多了,甚至连"休"字都不配享用,就像阎婆惜从宋江那里就讨不来一封"休书"。

我们想当然的以为,国外男人对婚姻很随便,其实大错!他们对婚姻的看重远远胜过我们,因为"离不起"啊!国外离婚,男人要支付那个做过你妻子、为你付出过青春的女人后半生的费用,而且必须保证她的生活质量不得下降,直到她再找到丈夫为止。这就是成本问题。

看过这样一个材料,说一个在德国读完博士的中国小伙子,毕业后四处求职,却没有一个公司肯录用。百思不得其解后,找到中国人开的公司,总算得到了答案。原来这位中国小伙儿有过三次在公车上逃票的纪录,而在德国,抓获逃票的几率只是千分之三,认死理的日耳曼人就认为,千分之三的抓获率,你居然有了三次,说明你一定有过1000次,品质有问题,不能用!中国小伙子只好灰溜溜的回国了。这就是成本问题。

倒退四十多年前,中国人无论男女也不敢轻易"犯错误",成本太高啊!政治的高压足以使你身败名裂、妻离子散、"踏上万只脚永世不得翻身",甚至丢了生命——当然那个不人性化的社会是野蛮的。

再说"好男人都是有主的",还是成本问题。老婆孩子、双方父母、社会声望、人脉关系,再加上房子车子票子,一句话,当一个坏男人,弄得老婆跟自己散伙,成本太高,不划算!

所以说,好男人都是"逼"出来的,或曰"管"出来的。

现如今的中国,古代的道德体系甭管是否合理,早已是"礼崩乐坏";西方的上帝无法在中国人心里真正的深根发芽,仿佛中国人的心地不是沃土而是水泥;法律体系的健全还差得远,于是乎,"我是流氓我怕谁"!

百姓小民"觉悟不高",官员该好吧?恰恰相反。民间扫黄打非,下马的官员哪一个不是情妇一大堆?而美国的那个克林顿,就因为在莱温斯基的裙子上留下几个小白点,最终被鹰眼利爪的记者揪住不放。我们这里呢?先自己把自己捧为"先进代表",谁还敢说个"不"字!还是成本问题。

我们这个社会犯错误的成本太低了。捞着好男人的婆娘们,看好了他;没捞到的,睁大眼睛使劲捞去吧,捞到了算你幸运,捞不到,只有"此恨绵绵无绝期"了。

上部：饮食男女

《心里装着一个人》

心,是人体的重要器官之一。舒张时收回静脉血,收缩时泵出动脉血,把养分传输到身体各个部位。心一旦停止工作,人基本进入半死亡状态。所以我们常用这样的句子形容一位举足轻重的人物的死亡,"他伟大的心脏停止了跳动"。

现代医学证明,心脏不是人的思考器官,人的思考器官是大脑。这一点我们平时也能感觉到。比如思考问题时间过长,或者思考的问题过于复杂,我们会感觉头痛,太阳穴跳,眼眶发胀等,这都是大脑疲劳的表象。

但是当我们思念一个人的时候,我们却不说用大脑思念,而是说用"心"去思念。比如说"心上人"而不是"脑中人",比如说"我心里有他"而不是说"我脑中有他"。

秋月杂文集——一个故事,两种婚姻

伤脑筋的事情也是有的,但不会导致我们流泪;而伤心却是可以让我们流泪的,所谓"男儿有泪不轻弹,只因未到伤心处"。宝玉黛玉逗闷子,都说,"我是为了我的心",而不说"我是为了我的脑"。

所以,是否可以这么说,理性用脑,感性用心;理性伤脑,感性伤心。

"心"确实是可以装下"人"的。但是装谁不装谁,却自己说了不算,"心"说了算。心里如果装了一个人,你就是赶也赶不走;心里如果没这个人,你就是放也放不下;同样,人家心里没你,你就是挤也挤不进去。

自己心里有谁没谁,自己是知道的。对方心里有没有自己,自己也不是完全不明白。而越是明白的人,越不问对方;那个反复追问对方"你心里到底还有没有我"的人,其实早就明白,人家心里没你的位置了,只是自己哄自己玩罢了……就像沈殿霞,用了十年的时间,终于在一个公众的场合,直问郑少秋,"你到底有没有爱过我",在那个场合郑少秋只好说"有"。说"有"又能怎样呢?真的"有"还用问,还用说么!

上部:饮食男女

心里有这个人,自己是知道的;给这个人留了多大的"地盘",自己更是清楚。

男人的心和女人的心相比,哪个空间更大?常言说,女人心窄,只装得下一个男人,形之于外的表象就是女人痴情。其实大不然!男人的心要比女人窄得多。一个男人终其一生,只爱一个女人,这个女人是谁,只有他自己知道。这个女人一旦进了他的心,就占据了所有,就再也出不来了,别的女人也进不去了。如果这个女人成不了他的妻,他将会把这份情愫永远埋在心底。但是这并不影响男人娶妻生子,更不影响他与各式各样的女人保持若即若离的关系、似真似假的情分。

女人则不。女人在乎的是"这一个"男人对她好不好,如果不好,辜负了她,她会哭天抢地、撕心裂肺、痛不欲生,甚至做出自戕的行为。但是如果有"下一个"男人对她好了,她会渐渐地忘记以前;如果"下一个"男人的好远远超过"上一个"男人的,她甚至会有"幸亏没跟前面那一个"的庆幸。所以说,女人心里的"人"如同蒸包子,一屉顶着一屉走。男人绝不!

人间有男女,万物有阴阳,婚姻之事,惟此惟大。女人最要紧的,不是自己心里装了哪个男人,而是哪个男人心里装了你。只要有男人心里装下你了,就是福分,且别管地盘大小、是深是浅了。

秋月杂文集——一个故事,两种婚姻

《由〈色·戒〉说男人的"色"与"戒"》

在对《色戒》铺天盖地的指责中,有一个很"主旋律"的声音,这就是《色戒》属于汉奸文学。看得多了我就奇怪:中国人什么时候又变得如此爱国了?仿佛回到了"大刀向鬼子们的头上砍去"的年代。今天看了天津报业名人韩晓波的时评文章《"许三多"抵抗〈色戒〉》,终于有些恍然。

作者说,一开始确实认为这是一部难得的好片子,故事、结构、人物、表演、镜头都好,但是,"某一天在厕所饱受便秘之痛苦的时候",忽然发现,其实这是一部很'坏'的片子,原因是"王佳芝在关键时刻放走了那个姓易的,无非就是两个元素起了作用,一个是性的快感,另一个就是财富……前者简称为'色',后者简称为'戒',这也是电影名为《色戒》的真正原因。"文章说,"色"与"戒"一旦联手,什么民族大义、国恨家仇、爱国情怀、特务使命、以及同道者的生死安危,统统可以出卖。王佳芝和那几个

上部:饮食男女

热血青年,死得那叫一个轻如鸿毛,那叫一个窝囊至极!

我读到这里,似乎醒过一点味儿来,不仅设想到,如果王佳芝不是因为"色"和"戒"而放走老易,比如说吧,王佳芝干脆就不是一个20多岁的小美人,而是一个中年妇人,为了保护自己的子女而放走汉奸易默成,那么人们是不是会原谅她?我想会吧!不仅会,而且还会有歌颂母爱伟大、人性伟大的评价……

终于,我明白了,那些不能原谅张爱玲的、不能原谅李安的、汤唯的人,根子在这里:放走汉奸固然可恨,但不是最可恨的,最可恨的是放走汉奸的原因——敢情你是因为"爽"过啦!敢情你是喜欢男人的钱啊!这才是"是可忍,孰不可忍"的!

和西方男人相比,中国男人有两样东西似乎很不原意奉送给女人,一个是"色"(准确说是性快感),一个是"戒"(准确说是钱),不知是他们压根就缺乏奉送的能力呢,还是认为一旦奉送出去会导致什么的恶果,

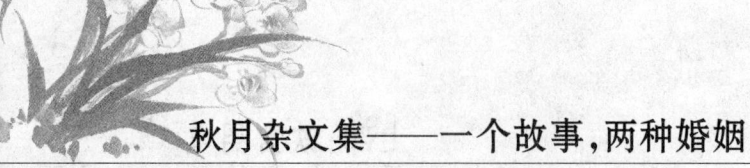

秋月杂文集——一个故事,两种婚姻

反正中国男人在这两方面比较吝啬。

首先是在钱上吝啬。婚前和婚初,他们还不具备挣来大把银子的能力,所以就先把一个个"精神牌坊"竖立在女人门前,来为自己不能让女人过上富裕日子的"不作为"遮丑。比如赞美女孩子"不要彩礼、骑着自行车嫁过来",比如歌颂女人"夫妻恩爱苦也甜",同时再把"嫌贫爱富"的大帽子扣在那些为自己能过上舒心日子而放弃穷光蛋的女孩子头上,仿佛她们一下生就该受穷、就该倒霉、就该勒着裤腰带过日子。如果离婚,那就干脆撕破脸面——要钱没有,要命一条。最搞笑的是一些影视剧的编剧们,热衷于这样的场景:当一个发迹了的"负心汉",找到当年自己抛弃的女人,以自己的支票、钞票来赎买自己的"负心"时,那个女人往往是恨恨地说,"谁要你的臭钱",伴随着将支票扯碎的"兹——兹——"声,我想这大概是中国男人比较爱听的一种声音了吧?最让人心寒的还有我们自己的法律,在国外离婚,离婚可以,但是丈夫得支付那个做过你妻子的女人的赡养费,直到她再嫁出去为止。咱不!在妇联部门"咱们女人有志气"的鼓励下,拱手将应得的钱财送还男人。在我看来,"咱们女人有志气"也是一块"精神牌坊"。所以,当我们可爱的男人们明白,王佳芝放跑汉奸老易的主要原因之一,是那个大钻戒时,他们就受不了了。

其次在性上吝啬。中国男人特别看重女人的"贞节":婚前守身如玉,婚后从一而终。我估计在众多的原因中,担心女人"被开发"和"有比

上部:饮食男女

较"是重要两点,所以,让女人永远处于"懵懂无知"的状态,以维持"老子天下第一"。方法么,与前面同出一辙:竖牌坊。凡是做到的,"节妇"、"烈女"、"贞女",要多少有多少;凡是做不到的,"淫荡"、"不要脸",不一而足,极尽侮辱之能事。

宋代有个才女,叫李清照,道学家说她是"满纸谎言秽语,自古能文妇人,未见有此不顾及者",其实李清照同学说了什么呢?不就是"才下眉头又上心头"么?不就是"莫道不销魂"么?不就是"半夜凉初透"么?一句话,"俺想俺老公啦",这就不行!再说与小李同学同时期的那个朱淑真,嫁了一个不如意丈夫,不甘心,有了婚外情,还付之行动了,"娇痴不怕人猜,和衣睡倒人怀,最是分携时候,归来懒傍妆台",简直要翻天了,结果死了之后,不仅诗稿不存,还"尸骨不得葬埋于地下"。我早就怀疑,中国男人几千年挥之不去的"处女情结",实际是他们"心虚"外加"体虚"的综合结果。那么,你王佳芝放走汉奸的原因,居然是因为"爽",可谓"生可忍,熟不可忍"了。

张爱玲的高明在于,以隐讳的方法写出了女人究竟看重男人的什么;李安的高明在于,以明确的方式拍出了女人究竟看重男人什么。仅此而已。

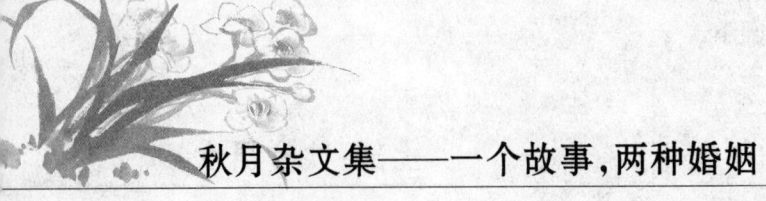

秋月杂文集——一个故事,两种婚姻

《亲爱的,请告诉我,你是谁?》

上个世纪20年代,22岁的天文学家巴特博克认识了年长他10岁的女天文学家普丽西拉,并向她求婚。之后两人进入了婚姻殿堂,开始了长达半个世纪的生死恋情。晚年的普丽西拉患了不治之症——记忆力丧失。巴特博克不仅不嫌弃妻子,反而更加呵护照料,无微不至。只是普丽西拉已经丧失了正常的思维,认不出眼前这个男人是谁了。但是她能够感觉到,这个男人爱她。所以,每当清晨醒来,普丽西拉都要对着这个是自己丈夫的男人说:"亲爱的,我知道你爱我,但是,麻烦你告诉我,你是谁?"

1975年,普丽西拉走完了她生命的旅程。弥留之际,她对着眼前这个她永远记不住名字的男人说:"船底座(银河系深处的一团星云的名字)是我将要去的地方,你将来到那里去找我吧。不过,到时麻烦你告诉我,你是谁。"

夜阑人静,遥望无垠的星空,但见银河浩渺、星光璀璨!我愿意相信,每一颗星辰都是一个高贵的灵魂,他们本就相识、相知。灵魂在天际外飘荡、寻找,无意间,堕入了一个凡胎肉体,于是有了我们这些芸芸众生。肉体上的相识并不困难,难得的是曾经相识、相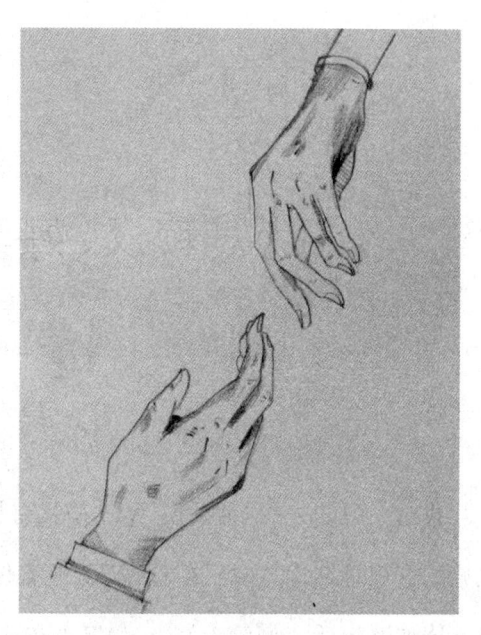知的灵魂再次相识、相依。所以,虽然普丽西拉无数次的说,"麻烦你告诉我你是谁",但是她仍然坚信,这个她后半生记不清面容的人,定能在浩瀚的星空找到她。因为他们的灵魂在前世就认识,而脱去了肉体凡胎的灵魂重新回到星空后,他们还能辨识出对方。

陈晓旭走了,张国荣走了,我们曾经认识过他们的容颜,但是我们有多少人认识了他们的灵魂?他们又回到他们曾经出发的地方去了——那里必将是我们也要到达的地方。有朝一日,我们见了面,还需不需要说一句:"亲爱的,麻烦你告诉我,你是谁?"

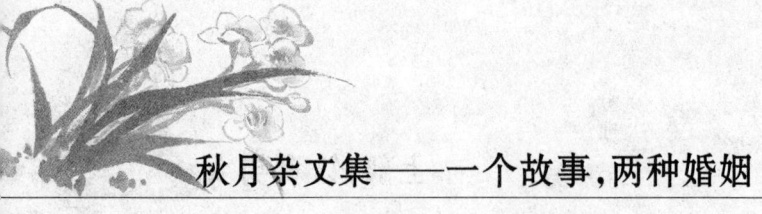

《好汉、赖汉、好妻、赖妻》

  我对中国的一些"俗话说"历来敬畏有加,这是一个善于形象思维的民族的直观总结;而这些"俗话说"能够流传下来,说明得到了后世的认可。比如这句话,"好汉无好妻,赖汉占花枝"。

  有时候总琢磨,为什么好汉无好妻呢?于是想起了另外的一句话,叫做"两个女人争一个男人,用情深的一个先放手"。有一个用情深的,自然就有一个用情浅的。女人恋爱,一旦用情过深,往往糊涂,这时候无论平时多么聪明理智的女人,智商都会大幅度下降,呈现一种"傻乎乎"的状态,即如张爱玲者,又当如何呢?最后还不是伤在了胡兰成的手里。而那个用情浅的,就保持着一份理智、一份冷静、甚至是一份算计,能够审时度势、进退自如,该撒娇时撒娇,该发嗲时发嗲,该翻脸时翻脸,该媚好时媚好。这套手段如果使在一个成熟、老道、阅人无数的男人身上,也

上部：饮食男女

许就不奏效,但是如果对方是个憨厚的男人、纯真的大男孩,就难免束手就擒了。所以,与其说是用情深的女人自动放手,还不如说是被用情浅、会算计的女人给逼得撤退了。于是"好汉无好妻"的怪现象就出现了。我曾经调侃说,好男人都是被"骗"来的;偏偏在网上看见与我同一观点的话:"男人骗女人一夜,女人骗男人一生"。

那为什么有"赖汉占花枝"的现象呢？所谓的"花枝"不只是长得好,还外加贤惠、善良、规矩等中国的妇道美德;而所谓的"赖汉"恰恰是中国传统文化中的非主流部分,他们不按套路出牌,温良恭俭让、刚毅木讷,对于他们不起作用,他们的拿手好戏是"唱花曲儿"、"说小话儿"、"流眼泪儿"、"抛媚眼儿",外加"先下手为强"。而"花枝"们也是春心萌动的人啊,和"唱花曲儿""说小话儿""流眼泪儿""抛媚眼儿"相比,在打

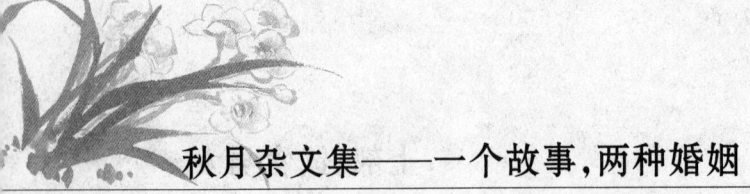

秋月杂文集——一个故事,两种婚姻

  动春心这方面,温良恭俭让和刚毅木讷确实稍逊一筹了,这就是所谓的"男人不坏,女人不爱",于是"赖汉占花枝"的现象就出现了。

  当然喽,还有许多"好汉有好妻"——那是天生一对,"赖汉占草枝"——那也是地设一双。但是人们为什么只记住"好汉无好妻"和"赖汉占花枝"呢?我想还是"非常态"的事物更能引人注意。就像"红颜薄命","红颜不薄命"的肯定有,女人嫉妒还嫉妒不过来,就不说她了;"非红颜而薄命"的更是有,估计男人连看都看不见,也不说她了。最后流传下来的,只有"红颜薄命"。

  "好汉无好妻",估计女人不服气的多;而"赖汉占花枝"可能是男人感慨的更多吧。

上部：饮食男女

《男人不堪女人一试》

有这样的一句话，叫做"试金子用火，试女人用钱，试男人用女人"，可惜，都经不住这么一试。

记得孙中山先生说过，看一个男人的一生，可以看他的两点：一看他身边的女人，二看他怎么死。

关于中国历史上男人的"死"，最使我动容的是四个人。

第一，司马迁。凡是读过司马迁《史记》的，都不会忽略他的生卒介绍：公元前145－？

司马迁的死是一个问号。我经常设想着，这位忍辱而活的史学家应该是故意失踪了吧？深厚的家族荣誉感所激发的著史的愿望，支撑着司马迁去实现自己的人生价值，乃至于他下蚕室、受腐刑，"著史"成为他活下去的唯一精神支柱。当这个伟大的愿望实现后，司马迁的生命已经没

秋月杂文集——一个故事,两种婚姻

有意义,他希望的,是尽快消失于这个世界。这个问号,不是太沉重了么!

第二,嵇康嵇叔夜。他是一等一的"帅哥"呢,身高七尺八寸,风姿特秀。站着的时候,如"孤松之独立";醉倒时,若"玉山之将崩"。他"临刑抚琴"的故事流传

千古,只可惜他的儿子嵇绍全无乃父之风,保卫皇帝倒是忠心耿耿,留下一段"血衣"的佳话。

第三,金圣叹。金大才子被问斩的时候,儿子就在刑场上。这老金故意当着刽子手的面传给儿子一纸条,并嘱咐"我死后再看"。警惕性极高的刽子手哪里容得这种"地下活动",当场抢过来,一看,上写:炸黄豆就盐吃,特香。这"恶搞"的水平,高!实在是高!

第四,瞿秋白。瞿秋白是早期的共产党员,是知识分子型的共产党员,他既不见容于共产党也不见容国民党,最后被国民党所杀害。临死,

上部：饮食男女

他挑了一块草地，盘腿坐下，说："此地甚好。"

慷慨赴死易，从容就义难。高呼口号，我总觉得有自己给自己"壮胆"的嫌疑，跟阿Q的"二十年后又是一条好汉"没什么太大区别。

看过了男人的"死"，就得说男人身边的女人了。

以火试金，经不住试的当然是假货了；以钱试女人，经得住、经不住都不好说；同样，以女人试男人也是如此。

经得住试的，未必就是好男人；经不住这一试的，也未必就是坏男人，问题在于什么样的女人你经得住。什么样的女人你都经不住，是成色问题；但什么样的女人你都经得住，我看问题更大！

有一个笑话，说一个想长寿的人问大夫，怎样才能更加长寿。大夫说，第一不要生气；他回答说，我从来不生气，一辈子就没大声说过话。大夫又说，第二不要喝酒；回答一辈子不曾喝酒。第三少近女色；他回答说连老婆都没有娶过，何况女色。"我希望知道的是，这些我都做到了，还应该注意什么才能长寿？"大夫急了："你说你一个大老爷们，又不喝酒又没脾气还不近女人，你活这么长干吗？"

王蒙说，一个男人，宁愿做恶人，也不做无趣的人。这"有趣"包含的就太多了。

中部：

生活碎片

中部：生活碎片

《苦难杂谈》

我历来不赞成歌颂苦难。

我曾经在课堂上跟学生说,有两句话我特别不喜欢,一句是"失败是成功之母",一句是"不经历风雨怎么见彩虹"。事实确也如此,大凡成功者,没有一帆风顺的。但是,因此而歌颂、赞美苦难,甚至夸大、制造苦难,认为苦难是人生之必须,就是对人生尊严的的亵渎了。

这几年时兴老同学聚会,今年我们毕业25周年的高中同学就聚了一次。有一老哥,现在已经是出将入相、富甲一方了。他说起自己这十几年的辛苦和磨难,说起自己或是自愿或是被迫干的那些"不是人"的事、说过的那些"让祖宗听见恨不得再死一回"的话,听得我们瞠目结舌、一片唏嘘。有人就问:"前两年也聚过,怎么没听你说起?"他说:"那几年没混出人样来,说了有什么用,除了让别人笑话你小子没本事外,顶多赚

秋月杂文集——一个故事,两种婚姻

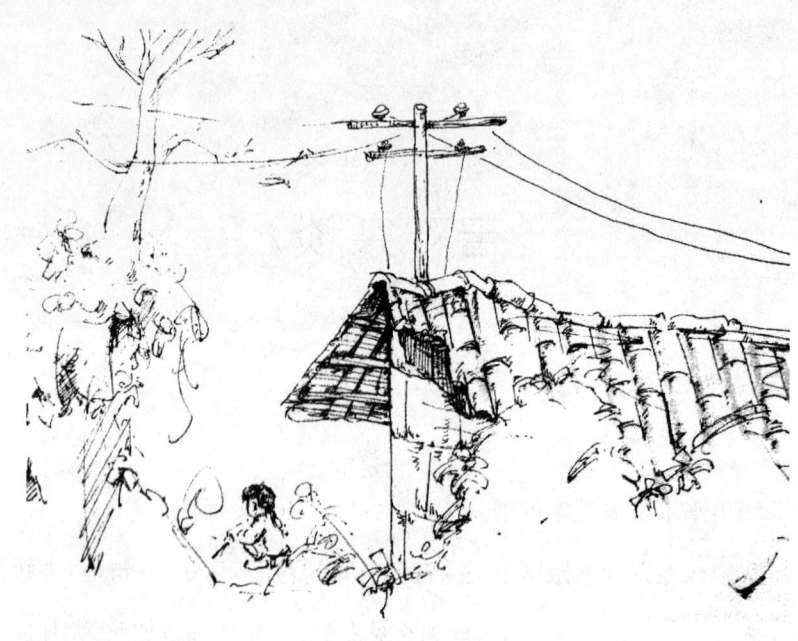

点女同学的眼泪。"

听罢恍然,原来这"失败是成功之母"是在"成功"后才总结的;这"不经历风雨怎么见彩虹"是在"见了彩虹"以后才回忆的。须知,有多少人经历了失败而没有成功,又有多少人在经历风雨之后没有见到"彩虹"。如果可以不经历失败和"风雨",给我一个平平安安的庸常的人生,我宁愿不要这些成功和"彩虹"!

但是,失败和风雨构成主体的苦难,并不因为我们的回避而逃逸;恰恰相反,不经意之间,它们就降临在你的头上。

中部：生活碎片

什么是苦难？周国平曾经就"幸福"下过一个定义，他说，"快感属于肉体，快乐属于心灵，幸福属于灵魂"。在这里，我套用他的话：痛感属于肉体，痛苦属于心灵，而苦难属于灵魂。

苦难是对灵魂的折磨，是对生命意义和价值的怀疑与否定，它使你反反复复地问自己一个问题——这样活着还有什么意思？！

苦难与困难不一样。困难是可以克服的，而苦难是仅仅凭借个人力量无法战胜的。所以对于苦难，最好的方法不是抗争，而是韬光养晦、默默忍受，等待苦难过去，光明的日子重新来临。只是，在忍耐、忍受中，千万不可荒废了自己、消磨了自己、堕落了自己，这才是最难最难的事。

苦难还有一个特点，就是对于这一个人是苦难的事，对于另外一个人可能就不是苦难，顶多是困难。我有一个学经济的同事，复旦毕业，初登讲台就大败而归，一句整话都说不出来，流的汗比说的话还多。这种老师一时半会儿是上不了讲台的，但是培训一段时间有可造之处。但是"领导同志"一句话，他被重新分配了，去了保卫处。而保卫处是需要值夜班的，大家看他迂腐而木讷，所有夜班都归了他。对于别人，值夜班顶多就是个"困难"，调动调动就可以了；但是对于他，无论值夜班还是日班，都是对他人格和尊严的折磨，是对他人生价值的彻底否定。"那段时间总是想，死了算了，丢多大的脸啊！"这位来自农村的老哥也犟，一次领导也没找过，利用白天不上班的时间，学着"炒股"。加上复旦经济学的底子,很快成为"小富"的一员。后来又考上南开的经济硕士,又杀回原单位,现在已经是正教授、院长了。

于是就有人说,"幸亏当初把你分配到保卫处,否则……"如何如何,我说:"一派胡言!"就好比一个人写了一部描写抗日战争的小说,获得了诺贝尔文学奖,为中国人争了脸,你能说"幸亏当初日本鬼子侵略咱们"吗?!

赞美苦难、歌颂苦难,是对人生尊严的一个反动。

苦难过后,我们怎么办——同样考验着我们的智慧。大肆兜售、反复宣讲、添油加醋、无中生有,这样的"苦难的回忆"看得太多了;倚老卖老、倚"苦"卖"苦"、吃老资格、"多年媳妇熬成婆",也是不少。但是,有修养的做法是:不提、不讲,少提、少讲。

我们不希望经历苦难,哪怕因此失去"成功"与"彩虹"。但是"降生全因赎人罪,苦难只为救生灵",后者做不到,前者总该有这个境界吧。否则,苦难只成为"显卖"的老本,这苦也就白吃了,难也就白受了。

中部：生活碎片

《知道与不知道的四个境界》

我们学习知识，认识社会，从"不知道"到"知道"，从"不明白"到"明白"，从"不会"到"会"。在这个过程中，天资、勤奋是一个方面，态度也很重要。

一个人从"不知道"到"知道"，有四个境界。

第一个境界，叫做知道"自己还不知道"。

这是最基本的境界，是最老实的态度。就是从心底里明白，自己不

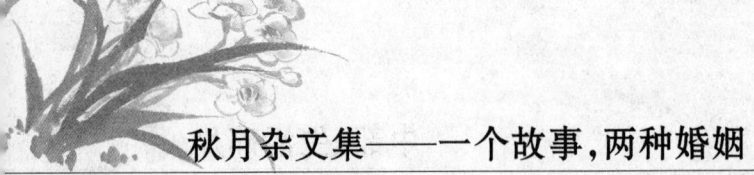

秋月杂文集——一个故事,两种婚姻

行、不会、不懂,然后塌下心来向行家学习。这是万事的开头,学校里的好学生往往是这一类,他们死盯着老师学,逼得你不敢疏忽。从某种意义上说,好的老师是被学生"逼"出来的。

第二个境界,叫做知道"自己已经知道"。

就是有了一技之长了,有了看家的真本事了,知道自己会干什么了。这是个"质"的飞跃,因为他越过了"不会"、"不知"、"不懂"的坎儿。这个时候,往往有点小小的得意、小小的显摆、小小的卖弄,这都是正常的,只要别出大格就行。相反,如果掌握了真本事的人、特别是年轻人,不去得意、显摆、卖弄,倒有几分可疑。

我认识一个学语言学的硕士,毕业后到一个政府机关做文字秘书。他的上司把"造诣"念成"造指",把"安全"念成"腩全",他不仅不去矫正,反而从此之后也跟着"造指"、"腩全"起来,特别是在大会上,上司前脚念完,他后脚念。可惜了他从小学到硕士,19年念的书,居然抗不过一顶主任级的乌纱帽。

第三个境界,叫做不知道"自己已经知道"。

这是个微妙的境界,当事人是"会而不通"、"懂而不化"、"知而不悟"。这时候他需要的是"点拨",有时,一"点"智慧之灯就"亮"了。我有个学生(男生),问我什么叫"性感",以下是我俩的对话:

学生:韩老师,你说什么叫性感?

中部:生活碎片

韩:你说呢?

学生:我觉得就是女的大胸脯、翘屁股;男的穿衣不系扣子,露出胸毛。

韩:那我问你,性感这个词儿是近十来年有的,还是老早老早以前就有的?

学生:嗯——近十来年吧。

韩:我告诉你,早在原始社会,我们老祖宗就知道挑选"大胸脯、翘屁股"的女人啦。

学生:哦,对呀,一个女的要是光身材好看,却死眉搭眼、不解风情,也说不上性感哪。

韩:你不是已经回答自己的问题了吗?

第四个境界,是不知道"自己不知道"。

这是最要命的!与"不懂装懂"还不是一回事。"不懂装懂"是用"装"来掩饰自己的"不懂",心里是明白自己欠水平的。"不知道'自己不知道'"的人是自以为是。你跟他探讨个什么问题,没等你开口,他就先说了,"知道知道,不就是那个什么什么吧……"其实他的这个"什么什么吧"与你说的那个东西满不挨边儿,噎得你后退三尺,直翻白眼。

也不知怎么搞的,这类人在"重要岗位"上甚多。

我的一个大学同学,也在高校教书,时常说起他们单位的工会主席,

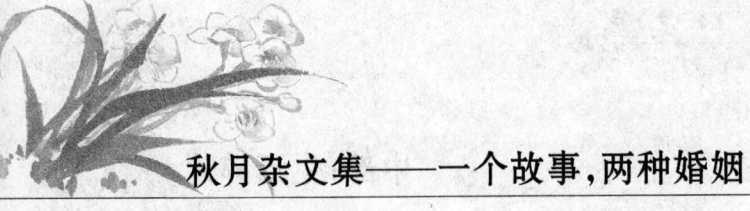

他用"没救了"来形容这位领导。他们单位有个同事得了一种怪病,四处求医,最后在北京治好的。这位"领导"听说后,兴奋的在全体会上宣布:"老师们,告诉大家一个好消息,我们的 XX 老师已经好了,出院啦,无疾而终啦。"——"无疾而终"就是"没有疾病终于出院"的意思,他不知道自己不懂这个成语。

我有时跟我的同学说,你就不能提醒提醒他?我同学引用了梁晓声的一句话:对于那些善于听假话、说假话,并且把假话当成真话的人,你跟他说真话,是对你自己的犯罪。

我无语……

中部：生活碎片

《麻将，我亲爱的国粹》

在中国，没有一种游戏能像麻将那样，把中国文化的好坏难分、是非参半、精华与糟粕完美结合这一特点，表现得如此淋漓尽致、丝丝入扣。

麻将的第一个特点，是没有大小之分。这就不同于国际象棋，皇后一出，其它全毙。麻将无所谓哪张大哪张小，不存在谁管谁的问题。应和了中国文化"成者王侯败者贼"的特点。管你什么样的人物，只要得了势，就是"天降大任于斯人也"。不光不分大小，也谈不上哪张是好牌，哪张是坏牌。这又不同于扑克。打扑克，一副牌在手，只要有大小鬼，再次的牌也有救。但麻将不是。四六万中间来了个五万，能高兴得你血脉喷张；但如果是清一色的"条子"，中间塞一张五万，要多腻歪有多腻歪，必除之以后快。这又应和了中国文化中的人才观点：人无所谓好坏，无所谓精英还是孬种，就看和谁搭帮结伙。跟了流寇，就是土匪；如果找到了

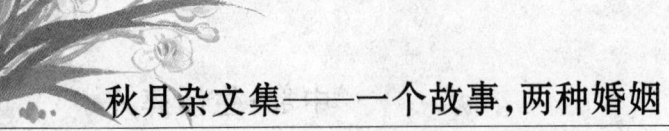

秋月杂文集——一个故事，两种婚姻

党组织，说不定就是"红小鬼"、革命老前辈啦！

麻将的第二个特点是组合极其复杂。从洗牌、码牌、掷色子，再到抓牌，千变万化。据说在现代高科技的支持下，象棋、围棋、桥牌都可以将程序输入计算机，进行人机比赛，唯独麻将做不到。它组合出来的牌型是一个庞大的天文数字，任何高科技手段都无法完成。这是否又应和了中国文化中那种复杂的人际关系呢？

麻将的第三个特点表现在打法上。一般说，西方的游戏，如果是集体的，讲究的是配合，典型的就是桥牌；如果是一对一，讲究的是"单挑"，典型的是国际象棋。但麻将既不讲究配合，也不讲究一对一，而是眼观六路，耳听八方，盯死上家，看紧下家，小心对门。出一张牌也要琢磨半天，可能是"喂一口"，也可能把一张臭牌捏死在自己手里，也不放给别人——"我好不了，你也甭想舒服！"欲擒故纵，声东击西，真真假假，两面三刀。此时的中国人，个个是军事天才和心理医生。它体现的是自古以来一盘散沙的家国状态，展现的是"我合适就行"的心理，是一种苟活精神、算计精神。

麻将的第四个特点也是它最微妙的特点，是136张牌中有一个"混儿"，这张"混儿"并不固定，而是随机形成。全国各地的方法不一样，有"跟混儿"的，有"翻混儿"的。一旦这张牌成了"混儿"，立即身价百倍，可以充当任何一张牌，大有"说你行、你就行、不行也行"的官场风格。

中部:生活碎片

最有意思的是赢牌不叫"赢",叫"和"(hú)。"和"了就得三家输钱一家进账,而且必须支付现金,什么"欠着"、"拿火柴棍代替",均不算数。赖账会被扣上"牌风不好"的帽子,那就"不带玩"了。可是真要是一天八圈的玩下来,就会发现,谁也没赢谁也没输(设赌局的除外)。所以,我们的老祖宗虽然很善于造字,但是没有为这个"和"(hú)单造一个字,而是用"和"(hé)来代替。和(hú)者和(hé)也,"和为贵,忍为高",不就是玩嘛,谁当真谁就没劲了。体现了中国人是非难辨、好坏不分、稀里糊涂、和和美美的混沌境界。

春节将至,哥几个姐几个,支起桌子,甩开腕子,搓将起来。

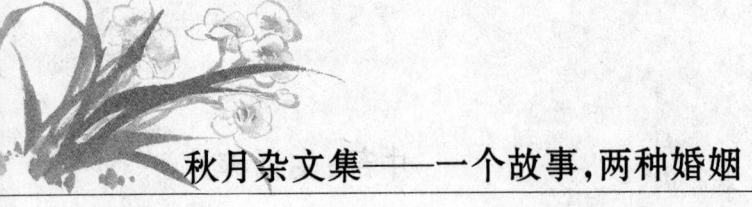

《如果你看见少了一条腿的人……》

如果你看见一个人少了一条腿,你怎么个态度?

我想态度大致有四种:

一是装作没看见。没反应、没表情,如果与这个少了一条腿的人有合作关系,那么尽量不给他制造因为少了一条腿而带来的麻烦。此外,就什么也不要管了。

第二种态度是真心实意地提供实质性的帮助。比如给他介绍一个很好的造假肢的医院,帮助他把假肢安上;或者给他介绍一个合适的工作;或者在他最需要的时候给他一笔钱。

第三种是同情。唏嘘感叹、发自内心的同情,就是流眼泪也是真实。

第四种就是鼓励和宽慰。不妨把保尔·柯察金的故事、张海迪的故事,还有司马迁的《报任安书》那一段讲给他听。

中部：生活碎片

还有什么态度？应该就是这几种吧！

我们应该采取哪种态度，这个其实不重要；

重要的是那个少了一条腿的人，最希望我们采取哪种态度。

"少一条腿"是一个喻指。

它可以是一个身体上的残疾（看得见的或者看不见的），也可以是一个人不愿意示以外人的隐私、隐痛。

国人没有经历过西方隐私文明的洗礼，传统观念崇尚的是"好话不背人，背人没好话"，提倡的是"向组织交心"，所以，对于西方文明中的关键的一个环节——"隐私尊重"，我们不甚了了。表现在具体行为上，就是既不懂得尊重别人的隐私，所谓的"他尊"；也不懂得尊重自己的隐私，所谓的"自尊"。所以，如果我们看见一个"少一条腿"的人，或者干脆我们就是"少一条腿"的人，我们应该怎么做，是一个值得思考的问题。

秋月杂文集——一个故事，两种婚姻

最常见的，是唏嘘感叹、深表同情，连流下的每一滴眼泪都是真诚的。我并不否认包含在这些感叹同情中的真实成分，但是也得承认，相当一部分的唏嘘者、感叹者，或多或少的有着窥探别人隐私的嗜好。就算你不想当"祥林嫂"，他们也逼着你讲"阿毛"的故事；而我们一些"少一条腿"的人往往也愿意当这个"祥林嫂"，把自己的隐情、私情一遍遍地向不相干的人哭诉，赢得"鲁镇人"的眼泪。在我看来，如果不能提供实质性的帮助，这种感叹同情还是少来些的好。过多过滥地表示同情、自轻自贱地赢得同情，都是对"少一条腿"的不尊重。

对于"少一条腿"的人，我主张提供给他们实质性的帮助、不求回报的帮助。但是我们同时又常常犯另一个错误，就是把"提供帮助"作为换取对方隐私大曝光的条件。

我做了9年班主任，每次新生报道，总有家境困难的学生要求减免学费，作为班主任我得签字上报。总有一两个学生用几乎是哀求的强调说，"韩老师能不能别跟同学们说我家穷，交不起学费"。每每遇到这种情况我总是毫不犹豫的答应："行！"但是我说"行"，我"嘴严"不顶用，当我上报时，总会有人说："吃着国家的救济还要虚荣！"在这些人看来，得到实质性帮助就应该交出自己的"脸皮"了。每次看到电视上的捐赠、捐款仪式，每当电视镜头对准那些尴尬的小脸，我的心都在隐隐作痛：就非得这样么？！

中部:生活碎片

2005年4月30号晚上,我接到一个电话,是我一个学生打来的,他嗫嚅着说他不小心使女朋友怀孕了,想利用五一长假做流产,问我怎么办。我跟他说了四点,第一,到正规医院去手术,不要相信电线杆子上的小广告;第二,手术后要侍候你的女友,喝红糖水,吃鸡蛋,不可以喝冷饮,更不可以用冷水洗澡泡脚;第三,这个事是你的疏忽但不是你的错误更不是罪孽,以后要小心,最好学会用安全套。最后我跟他说:"你必须承诺我一件事,永远不要告诉我你是谁。我知道了一个隐私的故事,不想知道这个故事的主人。以后在校园碰面你会尴尬的,就算我不说,你也不应该把自己的声誉押宝一样押在别人的'嘴严'上。"他沉默了很长时间,说:"谢谢韩老师,我姓孟,您就叫我'孟子'吧!"以后缝年到节,我总能收到"孟子"的短信,但是我一直不知道他是谁。

如果提供不了实质性的帮助的话,最好的办法是——"装"没看见,"装"不知道。这个"装"不是冷漠、冷酷,是对那个"少一条腿"的人的尊重。我问过一些身体有残疾的人,他们说最希望的,是别人对他们残疾的忽略,是不要对这个残疾表现出太多的关注。我曾经和一个因为患乳癌而切去一侧乳房的女友到海边度假,但是她并不知道我已经知道她的这个隐私。大概是太想游泳了,她提前在旅馆换了泳衣,把"义乳"固定在里面,就下了海。上岸时大家都去冲免费的淋浴,她为难了——眼看隐私要曝光啊!我说:"这种淋浴我冲过,水又凉又粘乎,不如回去冲热水澡舒服。"于是我们穿着湿衣服回了旅馆,就这样,我们痛痛快快的游了三天的泳。

遇到"少一条腿"的人,我们得会这个"装"。当你看见有的人侧着脸看书,你不要问他是不是有一只假眼;当你看见有人走路向一侧歪斜,你不要问他是不是有一条假腿;当你发现有人姓了母亲的姓,你不要问人家父母是否离了婚;当你知道有人年纪大而单身,你不要问他"你怎么不结婚呢"……

最最麻烦的是最后一种:激励与劝慰。单纯的激励还好办些,如果夹杂着劝慰、特别是走味儿的劝慰,会伤"少一条腿"的人的心。我不怀疑激励的作用,更不怀疑张海迪、保尔、司马迁这些榜样的力量,有多少人在别人的激励下,从自怨自艾、情绪低落的迷茫中走出来,重新发现了人生的意义和前进的方向。

可是,有的"劝慰"听起来实在不舒服,不是"把坏事变成好事"的劝慰,是干脆就把"坏事"认为是"好事",有"站着说话不腰疼"之嫌疑。我有一位在事业上很成功的闺蜜,单身,她曾经写过一篇描述自己作为单身女人孤独的文章,于是就有人"劝慰"她说:"古今中外有思想的人都是孤独的,您是思想的佼佼者,所以您才孤独啊!""孤独是一种境界,当你习惯了以后,你会觉得幸福!"闺蜜说,当时抽他的心都有了。我说你不能抽他,倒不是因为他不在你跟前,是因为他没有恶意,他说的是真心话。就如同给你的伤口上撒了把盐,你被腌得呲牙裂嘴,他还以为给你消毒呢!

中部:生活碎片

《说实话及其他》

我一直主张人应该说实话。

说实话有两个好处,第一是说多少遍都不会走样。所谓实话,其实就是对事实的陈述,事实是什么样,重复多少遍,还是什么样。比如你到过北京,那么无论你说多少遍,都是对你到过北京这个事实的陈述。相反,如果你没到过北京,你就得编,而编不是对事实的陈述,是语言系统。你必须记住这一次编制的语言系统,下次再重复这个语言系统,就像让你背诵中学时背过的课文一样,你就费劲。人的大脑对图像的记忆远远胜过对符号的记忆,到过北京,是图像;编一个到过北京的故事,是符号(语言或者文字)。所以,编得记不住,就会出错,一出错,就会露底。俗话说,"说瞎话得有好记性",记性不好的人,最好还是说实话。

说实话的第二个好处是,当大家都说假话而就你一个人说实话时,

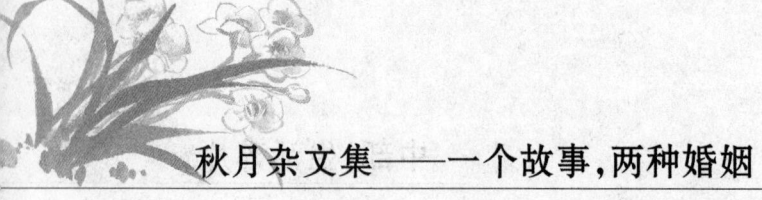

秋月杂文集——一个故事,两种婚姻

别人拿你是一点办法都没有。因为你把自己同时也把别人逼到了一个死角——事实面前了,大家都没了退路。

有一次,我的一个大学同学从加拿大回来探亲,因为他妻子是北京人,天津又没什么亲戚了,所以直接落脚北京。我下了课去看他,在北京住了三天。三天关机,第四天回到单位,有好事者问我三天联系不上你干什么去了,我说去北京,看我的同学,男的。对方当时无语,王顾左右而言他了。

但是,不是任何时候都可以说实话的。

不可以说实话的大致是两种情况,一是说实话可能给自己和别人带来麻烦,还有就是,对面的这个人不配听你的实话。梁晓声说过,对于一个爱听假话并且把假话当作真话来听的人,你跟他说实话是对你自己的犯罪。孔圣人也说,"邦有道则知,邦无道则愚,其知可计也,其愚不可及也。"意思是,国家清平时表现你的智慧,国家混乱时表现你的糊涂。但智慧是可以学到的,而装糊涂是不可以学到的(《公冶长.21章》)。这些都告诫我们,有时候必须采取"不说实话"的方式。但是不说实话并不等于说假话,这两者又有差别。

我的一个同事上课有个毛病,一手拿粉笔一手端茶杯,讲一句喝一口,喝一口讲一句。说不是毛病吧也算是毛病了。上司知道后,就在背后几个所谓的知己面前点名批评了这位老师。但是秦桧还有俩相好的

中部：生活碎片

呢，就有人把话传过去了，这个老师就改了。等上司大人去堵教室的门时，人家早改了这毛病。上司问，谁给你通风报信的，这个时候就不能说实话了。这个老师说自己觉醒了，就改了。这就叫不说实话——因为没法说实话呀。

有时不说实话也不行，那怎么办？

不说话！

有很多时候，说实话不行，不说实话也不行，说假话更不行，只有无言。

还有一些时候无言都不行，就只好说假话。但是一定谨记，说那些不伤害自己、不伤害别人的假话，比如，年终总结……

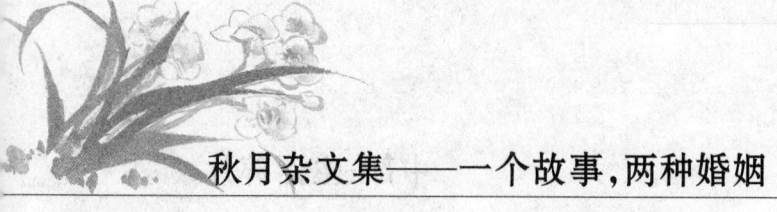

《有用的知识和无用的知识》

从实惠的角度说,知识分为有用和无用的两种,无用的知识是相对于有用的知识而言的。那么什么叫有用的知识呢?就是你学了这种知识后,获取了一种技能、技巧,一种安身立命的本事,一种可以换取一份收入的手段。

我从不反对一个人应该掌握有用的知识,恰恰相反,我主张每个人尤其年轻人应该有自己的看家本领,眼高手低、满口谈玄是最要不得的。就如我的一个学会计的学生,不认认真真地学习专业知识,整天琢磨着怎么写诗,结果弄得十几门功课不及格,退了学。

但是,仅仅掌握有用的知识是远远不够的,它只能让你停留在打工者、手艺人、熟练工这样的层次(顺便说一句,我认为什么事情干长了都是熟练工),时间一长,你会觉得厌倦,生活了无生趣,你干出的活计永远

中部:生活碎片

有着那么一股"匠气"。

使一个人生活充实、灵动的,不是有用的知识,而是那些无用的知识,比如文学、哲学、艺术乃至宗教。就像绘画,有用的知识可以使你从不会画画到会画画——这是个质的飞跃,但是如果没有无用的知识做支撑,你只能在古文化街这样的地方,画那些牡丹、大公鸡之类的画,然后卖它个一二百元钱,你永远也成不了齐白石。即便是手艺性比较强的工种——裁缝,要想成为服装设计师,必须掌握几何学、人体学、心理学、文学、美学这些一般裁缝认为"无用"的知识。

记得侯宝林先生生前说过一句话,演员分为三种:戏子、演员、艺术家。成为戏子(这里没有贬义),是有用的知识在起作用;成为演员,是在有用的知识的基础上再注入自己的辛勤的汗水和不懈的努力;而成为艺术家,则必须依赖的是那些无用的知识,比如文学修养。

总起来说,有用的知识只解决"活着"的问题;无用的知识却可以解决"怎么活"的问题;而丰富的、融会贯通的无用的知识最终解决的是"为什么活"的问题。人生最大的问题,不是"活着",也不完全是"怎么活着",而是"为什么活着"。

一个人如此,一个社会也是如此。

社会要发展,当然需要有用的知识,比如经济管理、国际贸易、市场营销、房地产开发乃至"嫦娥"升天等等,但是,如果仅仅以这些"有用"

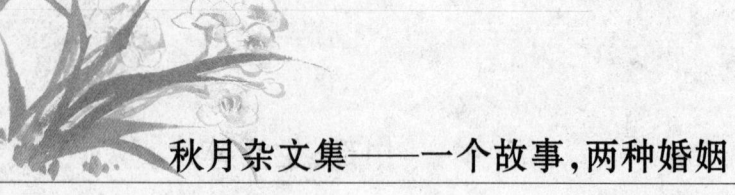

秋月杂文集——一个故事,两种婚姻

的知识去支撑一个社会,这个社会就是浮躁的、功利的甚至是混乱的。社会还需要大量的无用的知识,比如——诗歌!而那些掌握无用知识的人,他们是否生活的快意、舒坦,是一个社会进步与否的衡量点。

杜甫去世前有一首被称为"压卷之作"的绝句《江南逢李龟年》,开头两句说,"岐王宅里寻常见,崔九堂前几度闻"。如果把这两句话理解为杜甫对大音乐家李龟年的艳羡,就太狭隘了;如果仅仅理解为杜甫对于自己少年轻狂的回忆,也不完全正确。李龟年至高无上的社会地位,折射的是那个时代的浪漫和昌盛,是那个时代的人们对于无用的知识——诗歌、音乐——的热爱和追寻。我想,在大谈"实现中华民族伟大复兴"的今天,多些无用的知识、多写掌握无用知识的人,应该是"复兴"的一部分内容吧!

中部：生活碎片

《由孔融被杀的罪名所想到的》

建安十三年（公元208年），在祢衡被杀十二年之后，曹操终于杀了孔融孔文举。

其实曹操早就想杀孔融，大大小小的原因很多。

先说小原因。孔融与曹操死不待见的祢衡关系很好，俩人互相"捧臭脚"，祢衡说孔融是"仲尼不死"，孔融夸祢衡是"颜回复生"。这就是老百姓说的"不长眼力见儿"。领导喜欢谁，你可以不太在意；但领导不喜欢谁，你得加十万分的小心，千万不要跟他搅在一起。

再说大原因。孔融爱揭曹操的短处，爱戳曹操的软肋，曹操越忌讳什么他越点透了什么，有点"哪壶不开提哪壶"的意思。就仿佛现在，领导是个中专学历，你偏跟他大谈坐二十年冷板凳考上博士的滋味；领导是个政工师，你偏说虽然都是正高级职称，教授才是硬通货；领导说引进

秋月杂文集——一个故事,两种婚姻

人才,你偏说引进的那个人才的舅舅是市委组织部的。孔融干的就是这类的事。

比较经典的案例,发生在建安九年(公元204年)。曹操攻破了邺城,曹丕看上了袁绍的儿媳妇甄宓,要抢她做老婆,曹操默许了。孔融于是说,想当年周武王讨伐纣王,就把妲己给了周公。小曹同学虽然四言诗写得一级棒,但是因为出身低微,没有念过本科,在学术问题上比较心虚。听小孔同学这么说,赶紧翻书——"哪儿写着呢?"结果查无出处,就问小孔同学。孔融说:"以今度古,想当然耳!"意思是,看你们爷俩今天这个做法,估计周武王他们爷俩当年也这么做呗——这话有些过分了,纯粹拿领导"涮着玩"。

但是曹操嫉恨孔融的,还不是这些大大小小的刻薄,而是孔融公然与自己的政治路线、重大决策唱反调。用现在的话说,就是不能做到"紧密团结在以曹孟德同志为首的中央周围",是"站错了队"的问题,所以,必须"办"你!

但是"办"孔融不是那么简单的事情,因为他是孔子的第二十世孙,是堂堂鲁国男子汉,官职相当于现在的建设部长。所以"办"孔融的罪名得斟酌斟酌。最后的定罪是"不孝"。

孔融,这个自小就会"让梨"的好孩子,长大之后说过这样混帐的话:父亲对于儿子来说,算个什么东西呢?不过是当初那点性欲造成的吧;

中部：生活碎片

母亲对于儿子来说又算个什么东西呢？好比把东西放在一个瓶子（子宫）里，出了瓶子就一点关系都没有了。这还了得？全国人民岂不都跟着你学坏了？所以，"杀"你没商量。

"不孝"的罪名用得实在是太高明了。第一，赢得了百姓的认同——老百姓知道什么？知道多少？他们只关心他们看得见、听得懂的事情。第二，搞坏了孔融的名声——这话你说过没有？说过。说过就活该！第三，曹操铲除了异己。

这最后一点是最重要的。曹操如果以"谋反"的罪名杀孔融（实际也找到了"谋反"的证据），一则有违他"招贤纳士"的原则，别人会说曹操气量小；二则，你曹操真没有"谋反篡汉"的心，你怕什么？三则，老百姓会认为，这是你们领导阶层内部的事情，谁知道怎么回事，也许是"狗咬狗两嘴毛"呢。

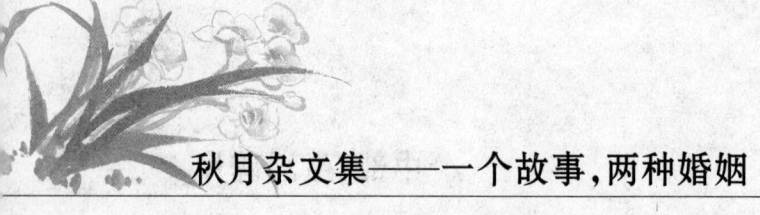

《我爱项羽》

力拔山兮气盖世，时不利兮骓不逝。骓不逝兮可奈何，虞兮虞兮奈若何！

我个人认为，项羽是司马迁笔下写的最好的悲剧人物形象，也是中国历史上最具有审美价值的悲剧型英雄。

按照西方的标准，英雄＝力量＋美人＋好武器。这三样，项羽都具备了。力量：史料称项羽"力能扛鼎"，他一声大喊，把敌军将领的马吓得连连后退。美人：项羽身边有一个虞姬，而对待女人的态度，项羽也是大大异于中国古代男人。他既不是把女人当玩物，高兴了哄不高兴了杀，哄得下作杀得没道理；也不是梁山好汉式的"只知打熬筋骨，于女色上不十分要紧"。他是真心爱这个女人，爱得有些"儿女情长"了。"儿女情"一旦"长"，"英雄气"自然就"短"了。好武器：权且算那匹乌骓马吧。

中部:生活碎片

项羽代表了一种力量型文化,而中国文化从一开始就是智慧型的,这个智慧型的组成人员,是苏秦、费无忌、萧何、张良、诸葛亮、刘伯温等。所以,项羽看似死于刘邦之手,死于他自己的率性和鲁莽,实则死于中国文化。

我们还是看作品。

第一句"力拔山兮气盖世",这句话得倒着看,先看"气盖世"。什么是"气"呢?这个"气"包括了气魄、气度、气质、胆量、能力、品质等等。项羽认为自己在这方面是拔头份儿的,是盖世无双的。这也难怪,项羽的祖上是贵族,在风度上应该远远胜于刘邦。另外,据史料记载的两件事也证明了项羽确实"气度不凡"。项羽小时候不好好念书,也不认头学武艺。他认为读书治国来得太慢,武艺只能一对一。他叔叔项梁问他到底想干嘛,他说想学"万人敌"。从这一点看,少年时的项羽跟从小偷鸡摸狗、借钱不还、赊酒赖帐的刘邦有着天壤之别。第二件事,是年轻时的项羽曾经见过一次秦始皇,一见之下,冲口说道:"彼可取而代也!"翻译成现在的话就是:"瞧那家伙的死样子,让他下来我上去!"刘邦也见过一次秦始皇,当时刘邦是这么说的:"大丈夫当如此也。"用现在的话说:"这才是男人应该活的样子啊。"这是经过了理智思考、又自言自语喃喃的说出的,我们似乎都能看到刘邦说这话时,那眯缝的眼睛、微微点下的头……英雄最可贵的是什么?是磊落!刘邦太有城府了,他不在乎"气"盖

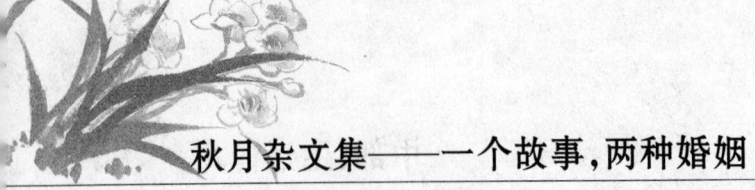

不盖世,他要的是结果,至于过程是辉煌还是卑琐,他不看重。而项羽恰恰相反。所以,项羽说自己"气盖世",不是自夸。

那么怎么个"气盖世"呢?项羽举了个例子——"力拔山"。

在项羽看来,"力能拔山"就是"气盖世"的明证。史料记载他多次率军血战,身披数十刃在所不惜。用现在的话说,项羽是个玩胳膊根儿的。如果项羽出生在古希腊古罗马,说不定是个雕塑的模特,可以和大卫、拉奥孔有一拼。

但是"力拔山"的人只有和也是"力拔山"的人拼,才"沧海横流方显英雄本色"。偏偏刘邦不是个"力拔山"式的人物,他是个"四两拨千斤"的主儿。项羽曾经天真的以为,既然天下只剩下咱俩,那咱俩就决斗嘛。可是刘邦不跟他"斗",刘邦跟他"玩"。结果玩来玩去,把项羽给玩死了,最后项羽也不知自己是怎么死的。于是引出下句:"时不利兮骓不逝"。

项羽到死也不知自己为什么会失败,他总结来总结去,得出两个原因:

第一个是"时不利",就是命不好,老天爷不给他作劲。

项羽这个人不仅自恃武功,还不善自省。四面楚歌的时候,他已经冲出了包围,当时天还没亮。到汉军发现他逃跑时,已经是清晨(书上说"平明")。这段时间项羽已经跑出一大截子了。但是在阴陵这个地方,

中部：生活碎片

他迷路了。问道于一个田间耕作的老人。按照常理，这个老人应该与项羽没有仇恨的，但是这个"田父"却故意指了一条错路，致使项羽陷入了一个大的沼泽中，汉军追了上来。如果没有这个节外生枝，项羽不一定死。但是项羽连反省都不反省——"人家为什么害我？"也许他压根儿就不会反省，他联想不到，这个结果是他多年"所过无不灭杀"导致的。项羽杀的人太多了，二十万投降的秦兵啊，全坑杀了；那个废物楚怀王，已经被贬为"义帝"，项羽还不放过，在流放的路上把他杀了——你杀他干什么呢？他对你已经构不成威胁了。但是项羽从来不检讨不改过，反而认为是"此天亡我，非战之罪"。说一遍还不行，还说了三遍。

第二个原因是"骓不逝"。

"时不利"的原因虽然总结的不对，但好歹还与"气盖世"靠得上，"骓不逝"就莫名其妙了。其实说奇怪也不奇怪，想想那个"力拔山"，想想他的耍胳膊根儿，就知道项羽确实是单枪匹马闯过天下的，而且是成功过的。马，是他力量的一部分；马如果跑不动了，力量就打折扣了；力量一没有了，当然就失败了。这大概就是项羽的逻辑吧。所以，对这匹立下赫赫战功的乌骓马，项羽看的比命还要重，他自己可以死，马不能死，连委屈都受不得。于是他把宝马送给了那个准备渡他过江的乌江亭长。

"骓不逝兮可奈何，虞兮虞兮奈若何！"英雄身边有一"常幸从"的美

秋月杂文集——一个故事,两种婚姻

人,这就有点麻烦。马可以杀但不杀,于是送人;美人是更加杀不得的——马都不忍心况活人乎!但是,送人?项羽也干不出来。这叫他有些为难了,"虞兮虞兮奈若何!",用现在的话说就是"小虞姑娘啊,我把你怎么办呢?"

这是个问题吗?

对项羽来说这是个问题,但是对中国文化来说,这不是个问题。岂止不是问题,把这个问题当"问题"来考虑,本身就是丢咱中国爷们儿的脸。中国古代男人对女人可以玩弄、可以置之不理、可以堵枪眼、也可以因为怕老婆而下跪,但惟独不许爱她们,怪事!所以项羽把这个问题当作"问题",而且还处理不好,就犯了"儿女情长"的忌讳了。

如果换了刘邦,连眼皮都不眨就解决了。看看他对待自己父亲的"分一杯羹",对待儿女(刘邦乘马车逃跑时,为减少车的载重,两次把一对儿女踹下车去),就可以想见他怎么对待女人了,这时候,一个字:杀!

我们还可以换一个角度分析虞姬。她可以利用项羽的心软,跑嘛!但是虞姬没跑,她选择了自杀,以谢项羽对她曾经的爱情。

这事如果换了吕雉,吕雉才不自杀呢。倒不在刘邦对吕雉多好,而是吕雉是一个冷静理智、有男人风范的巾帼须眉。

所以,以多情又死心眼的虞姬,配天真率性的项羽,也算是绝配。

到此,我们从这首诗中看到项羽三个致命的弱点:一、不善自省——

中部：生活碎片

这个怎么可以呢？中国文化讲究"闭门思过"啊！讲究"日三省吾身"呐！二、儿女情长——这个怎么可以呢？中国文化讲究"兄弟如手足,妻子如衣服",讲究"上阵父子兵",讲究"食则同器,寝则同床"啊,你的父子兵、敢死队、铁哥们儿呢？史书没有太多的记载项羽的助手们,只记载了一个不离左右的"美人虞"。三、自恃武功——这就更不对了。中国人说,"一个好汉三个帮"、"三个臭皮匠顶个诸葛亮"、"手大捂不过天来"、"浑身是铁能打几个钉？"怎么就你项羽一个顶仨？你就敢耍胳膊根儿？耍吧,最后耍到乌江边了,耍不下去了吧？

到江边,项羽又暴露出一个弱点,他好面子,放不下他"气盖世"的贵族尊严。亭长让他过江,以图他日,项羽不接受,他认为是"栽面儿",所以他愿意死。"好死不如赖活着"这句中国老话对项羽不灵。肉搏中,项羽的老乡认出他来,指给大将王翳看,项羽此时可以耍耍刘邦式的无赖,来个不承认。但是他没有。相反,他对这个老乡说:"我听说我这脑袋挺值钱的哈！那看在老乡的份上,我送你这个人情。"自刎而死。

这一笔如果是历史的真实,不是司马迁在编故事,那项羽死的太艺术了,太审美了。只可惜,没用！尤其在中国这个务实的农业文化里,那是相当的没用！

项羽死于谁？死于中国文化。

一想起流氓式的人物刘邦创立了大汉,自此咱们都叫"汉人""汉

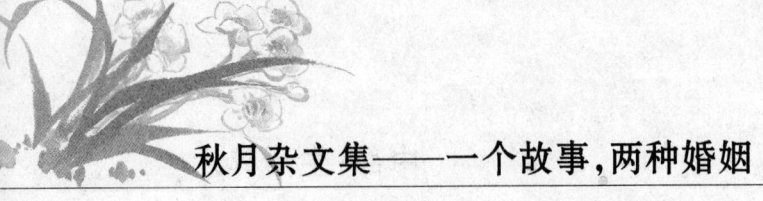

族",说的都是"汉语",自此华夏文化再也没有了春秋战国时的阳刚、磊落、大气,自此走向卑弱,直到宋,直到明,直到裹小脚留大辫子的清,俺这心哪,拔凉拔凉……

项羽,生于公元前233年,死于公元前202年,享年31岁。

历史上最爱项羽的女人是李清照:生当作人杰,死亦为鬼雄。至今思项羽,不肯过江东!

当然,我也爱项羽。

中部：生活碎片

《别糟践了"感恩"二字》

"感恩",这个带有西方宗教色彩的词语,越来越多地出现在现代中国人的生活中,不仅在各种媒体上频频"闪亮登场",就是在我儿子的暑假作业里,也出现了"学会感恩"这一项。内容包括:给爷爷奶奶剪一次指甲,给爸爸打一次洗脚水,对妈妈做的饭说声谢谢,等等。动机是不错的,但是怎么想怎么觉得别扭。因为……因为……感恩好象不是这些。

感恩不是感动,不是对着某个能触动了你敏感神经的事件唏嘘感叹,涕泗横流;也不是让别人为你的某个举动而唏嘘感叹,涕泗横流。

感恩不是感谢,不是对那个曾经帮了你一把的人说声"谢谢",哪怕你出自十二万分的真诚。

感恩也不是报恩,不是永远记着那个有恩于你的人,记着在你落难时他的援手相助,然后历尽千辛万苦地找到他、报答他——不是,这不是感恩。所以,中国传统文化中的"受人滴水之恩、当以涌泉相报",与感恩无涉。

感恩更不是"编花名册"立牌坊,把帮助过你的人封为"贵人",然后乞求上天的某种神秘力量保佑他的幸福平安,再求得这些"贵人"保佑你的幸福平安。

不不,这些都不是感恩。

感恩是一种心态,是一种以永远感激的心态去活着的方式。

你应该感激把你带到这个世界上来的那对男女,无论他们是高贵还是微贱,也无论他们制造你生命的那次交媾是婚姻内的例行公事,还是婚姻外的浪漫激情,甚至是法律不容的一次作奸犯科,你都得心存感激,因为没有他们就没有你……

你应该感激普照在这个星球上的50亿年的光芒,以及由这光芒带来的河流、海洋、氧气、动植物,因为没有阳光就没有这一切,自然也就没有你,哪怕你吸入的是一口质量不高的空气……

你还应该感激你生命历程中的一切一切的偶然,包括:儿时给你打疫苗针的护士业务熟练,没有一针扎在你的坐骨神经上;喜欢抱你的邻居大婶经验丰富,双手有力,没有闪了你的小腰让你终身残废;生病时给你开药的大夫用的是这种药而不是那种,而那种偏偏是过期的;你准备

中部:生活碎片

去超市买一种新上市的食品还没等买呢国家宣布那个食品是假冒伪劣……

当你带着这种感激的心态去生活时,你就会多了些平和、多了些从容、多了些正视现实的想得开,而少了些虚张声势、气急败坏、使气斗狠、斤斤计较。你会明白人活着不容易——不光你不容易大家都不容易,你不会为难别人也不会没事儿和自己较劲;你会努力做好自己该做的,如果做的不错你明白除了你的努力和天赋还有上天的青睐;如果有足够的能力你会帮助别人但绝不企求回报。当然你也会倒霉,有时倒很大的霉,除了努力改变之外你还明白默默忍受也很重要,而不是让别人觉得天底下你最冤……

可能有人会说,这样的"感恩"玄而有玄,虚而又虚。

不错,是玄虚的。

因为"感恩"它本来就不是我们所理解的现实生活中的,它从来就不是一对一的,它只属于上帝——"感谢上帝阳光真好","感谢上帝我还活着"。对于我们这个有着五千年农业文明史、历来不相信超然力量的务实民族来说,"感恩"离我们实在太远太远了,我们所有的,是"受人滴水、报以涌泉",是"衔草相还待来生",是永远一对一的感动、感谢、回报和铭记。

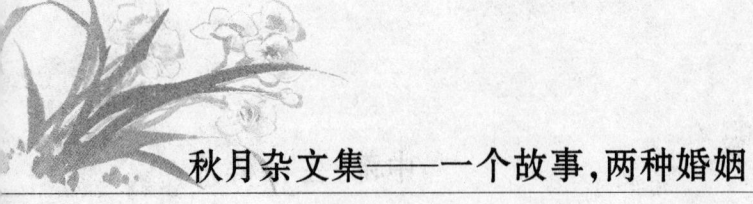

秋月杂文集——一个故事,两种婚姻

但是,在现今,在这个价值观念混乱的现今,知道感动、感谢、回报、铭记就已经很不错了。怕的是铁石心肠、无动于衷、受之无愧、装傻充愣、扭脖子就忘……

只是,被糟践了"感恩"这两个字。

中部:生活碎片

《闲侃上海与天津》

文化学有一个分支叫"文化生发学",它的基本理论是,一种文化的特点形成是在这种文化的初期完成的。在这种文化的初期阶段,外来文化可以对其产生影响;当这种文化的特点形成之后,也就是在这种文化的成熟期,外来文化对其不再产生决定性的影响。中国有两个城市,活脱脱地解释了文化生发学的理论含义,这两个城市是天津与上海。

初看,天津与上海极其相似:它们都是沿海港口城市,它们的腹地都有一条大河穿过——海河和黄浦江,它们都是周边地区的经济中心,特别是它们都有过殖民地的历史。改革开放之前,老百姓生活中的"三大件"——手表自行车缝纫机,南北名牌都出自津沪:手表,津有梅花沪有东风;自行车,津有飞鸽沪有永久;缝纫机,津有牡丹沪有蜜蜂,而且名称上有"压对方一头"的微妙意思。但是在电视机上,天津盖过了上海的风头，因为中国第一台电视机——北京牌——诞生于天津。"北京牌"，这回你上海没辙了吧？

但是，凡是到过天津、上海的人都会发现，这俩城市太不一样了，是完全完全的不一样！于是有人感叹：同样是有过殖民地历史的城市，怎么上海那么"洋气"，天津这么"土气"呢？

这就需要用"文化生发学"来解释了。

天津有着600年的历史。传说，宋代时的天津还是一片汪洋，少有人居。宋天子从此地路过，问其名，得知"无名"。因为天子从这里渡船，所以赐名"天津"，意思是"天子的渡口"。1403年，明代第三任皇帝、明成祖朱棣"燕王扫北"，将明代的首都从南京迁到北京，此时的天津已经初具规模。明成祖发现，北京作为首都，靠海太近。中国历史上大的首都西安、洛阳等，都在大陆的腹地，相对安全；南京虽离海近，但是都是历

中部：生活碎片

史上短暂的小朝代。好在北京距离渤海湾还有一个较大的人口居住群，就是天津。于是，1404年12月23日，明成祖正式设天津为首都的"卫城"，起保护首都的作用，定名"天津卫"。这就给天津这座城市定了性，它必须安定、必须平稳、必须保守。它不能太活跃了，因为活跃就难免动荡；不能太发展了，因为发展就难免威慑京城。所以，平稳、安定、祥和、保守、不事声张，是天津城市和市民的最大特点。做一个比喻：北京是国家的"脸"，需要涂脂抹粉去展示形象；上海是国家的"手"，需要着金挂银去接人待物；天津是"脖子"——它非常重要，但是没有必要打扮，更没有必要示人，越没人注意它才越安全。天津安全了，北京就安全了。

天津人是皖北人的后代。这是因为明代皇帝的祖宗是朱元璋，朱是安徽凤阳人，明成祖设立卫城，谁来承担驻扎卫城的重任呢？"非我祖类，其心必异"，"亲不亲故乡人"，当然是老家的人靠得住，于是从安徽派兵驻扎天津。天津的口音与皖北口音极其相似，只是因为天津话受北方语音的影响，显得比较"硬"。

清代道光咸丰年间，天津口岸被迫开放，八国联军进入，天津开始了一百多年的殖民地历史。先后有英、美、法、日、意在天津设立租界，特别是意大利，天津租界是它在亚洲唯一的一块租界。

但是此时的天津，作为封建帝国的卫城，已经有了400多年的历史了，它的文化已经成熟，文化特点已经固定：天津人胆小，知足常乐，不太

秋月杂文集——一个故事，两种婚姻

有进取心，追求得过且过"乐呵乐呵就得了"的市民生活，文化趣味不高雅，对外来文化不感兴趣。也就是说，作为相对先进的西洋文化，以殖民的形式进入天津的时候，天津文化已经成熟，外来文化对它不再产生决定性的作用。所以，殖民者撤走了，西洋文化也就不存在了，天津还是天津。

而上海不是！

上海这个地方在春秋时叫"吴越"，宋代叫"华亭"，明代隶属"松江府"。上海是岛屿地质，种不出庄稼来。在一个以农业为命根子的国家里，种不出庄稼的地方就如同生不出孩子的女人，没有任何价值，要你做甚！所以，上海在漫长的封建历史中，极其不受待见，哪一代皇帝都不把它放在眼里。加上它周围有着江浙这样封建文人文化极为发达的地区，把上海衬托得灰头土脸。上海，就象一个后娘的孩子，拖在一个大家族的末端，百无一用。

1850年到1900年这五十年间，西方殖民者先后进入中国，以他们海盗的眼光，一下子就发现了上海的价值：它背对着大陆，面朝着海洋，黄浦江冲刷出来的海口，就象张开的大嘴，伸向太平洋。这是一个天然的、几乎不用怎么改造就能利用的港口啊！于是各国殖民者纷纷进入上海，同时也就带来了资本主义文化与文明，上海几乎在一夜之间辉煌起来，它从一个被中国亲娘看不上的"小土鳖"，一下子成了外国教父宠爱的

中部：生活碎片

"洋公主"。

上海作为城市只有不到200年的历史,这200年的历史几乎就是上海的殖民史,上海文化特点的形成是伴随着殖民文化的形成而进行的。也就是说,上海在它文化形成的初期,就受到了外来文化的影响,外来文化撤走了,影响还在。

做个比喻:天津,就象一个到了40岁才跟着外国人干活的中年汉子,外国人走了,他又变回了以前的他;上海,就象一个自小就被外国人领养了的小姑娘,外国人走了,她再也变不成以前的她。

从1949年解放到1979年改革开放这段时间里,上海由于政治的复杂原因,她沉寂了、压抑了,但是这并不等于上海的文化特点消失,一旦春风吹起、气候适宜,上海又恢复了她"洋公主"的气派,她是东方明珠,是东方巴黎,是远东最美丽的城市,因为——她本来就是!

在中国,"文化生发学"的例子还有一个,就是深圳。深圳只有30年的历史,深圳的历史就是中国改革开放的历史。所以,改革开放的所有成绩在深圳都可以看到,同样,改革开放的所有问题、毛病也都可以在深圳看得到。

在世界,"文化生发学"的例子很多,其中有代表性的是以色列。犹太民族有着几千年的历史,但是,以色列作为国家,只有不过60余年的历史,以色列的历史就是欧美国家支持的历史,所以,同样的中东国家,以色列风格迥异。

《东坡肘子和圣诞节》

古代有一个故事,说一个乡野村夫,逢人便说他喜欢苏东坡,这话最后传到东坡先生的"粉丝"——一个酸腐秀才的耳朵里,以为得遇知己,欣欣然前往拜会。问:"不知阁下喜欢东坡先生哪一方面呐?诗词耶?散文耶?书画耶?"村夫说:"什么诗词散文书画,我都不喜欢,我喜欢他的东坡肘子!"

之所以想起这个故事,是因为近日网上的新闻:十位高校博士在互联网上发言倡议,建议国人慎过圣诞节。理由是:圣诞节是西方的宗教节日,大多数中国人并不了解西方的宗教文化,过圣诞节有"瞎起哄"之嫌疑;而且西风渐进,西方节日侵吞了中国的传统节日,长此以往,传统文化堪忧。

从道理上讲是没有错的,尤其是第一点。现在过圣诞节的人们有几

中部：生活碎片

个知道《圣经》？知道耶和华的？有几个知道复活节、圣诞节的来龙去脉的？无非是一些大中城市的年轻人、高校的在校生、还有部分外企工作人员，借此机会，狠狠的玩一把、吃一把、闹腾一把；商家更是推波助澜，打着温馨的牌，赚着昧心的钱，最后买卖双方皆大欢喜。圣诞节变成了中国大中城市年轻人的狂欢节，真有几分"东坡肘子"的味道。

但是，那个乡野村夫就是喜欢东坡肘子，就是把东坡肘子和《东坡乐府》当成一回事，你又有什么办法？也许有朝一日他明白了，东坡肘子和《东坡乐府》不是一回事，于是放下肘子读《东坡乐府》去了；也许他喜欢一辈子也吃了一辈子东坡肘子，你东坡"粉丝"也拿他没办法不是？

真正着急上火的倒应该是苏东坡本人："呔！大胆村夫，竟把我苏轼与肘子混为一谈！"但是我们没有发现苏轼大光其火的古代故事啊？

同样道理，西方的圣诞节叫中国人过得走了味儿了，中不中洋不洋，可是这又怎么了？也没听见哪位西方研究圣诞文化的专业人士站出来大喝一声，然后再讲一通圣诞的来历和正宗的过法啊？

再说，中国文化中历来缺少狂欢意义上的节日，我们被"君子不喜怒形于色"、"温良恭俭让"压抑得太久了。现在20岁上下的年轻人出生在改革开放的时代，更多的接受了西方文化，加上现代社会生活节奏快，工作压力大，中国的传统节日又庄重保守有余、活泼畅快不足，年轻人借此机会发泄一把、闹腾一把、狂欢一把，明天该干什么还干什么，有什么不可以呢？

犯不上弄得中国节就得中国节的模样，西洋节就一定西洋节的程式。如果真的有一天，全体中国人正儿八百的过起圣诞来了，口念"阿门"、手划十字，那也不是封堵能解决得了的事情，倒是我们得反思、反省自己的文化了。

中部：生活碎片

《关于读书》

我的学生经常问我两个问题，让我总是不知道怎么回答，一个是看书怎么记得住呢？另一个是看什么书好呢？

对于第一个问题，我知道学生问话后面的含义——韩老师你怎么记得住那么多东西呢？说老实话，对于为什么看过书后能够记住，我自己也感觉到奇怪，我把它归结为自己的记忆力比较好。但是你总不能这么回答学生"我记性好"，那不等于告诉学生，你记性不好，你拉倒吧，你没戏——不能这么说啊！

于是问自己考上了硕士、博士的得意门生们，学生说，说这种话的人根本就是没看书。

我一下子恍然大悟。

长期看书的人，会形成一种看书的思维和惯性，一旦进入"看书"这

样一个状态,这种思维和惯性就会自然调动出来。比如,我们所说的"看书",一定看的是"书"而不是网络上的文字;而且看的时候多是晚上,因为此时,人的思维处于最理性又最活跃的时候。还有就是,看书一定拿着笔,一边看一边做笔记,最好是写在书上;过几个月再看时,换一个色彩的笔,再做笔记。这样,书中的内容要么引发了你的思考,要么引起了你的共鸣,要么引起你的质疑,要么让你发现了自己的浅陋;而你的记录既是转载了自己的思考,又是以另外一个形式重复了书的内容。书和你成为一体,哪里有记不住的道理?恐怕想忘记倒难了。

还有,别以为看的少才记得住,恰恰相反;只有看书看多了,惯性和思维模式才会形成,才会将书上的内容融会贯通,由此及彼,形成自己的知识结构,这个知识结构就如同一张网,新的知识一旦触及到这个网上的某一个知识点,就会附着在上面。形成越看得多越记得住的情形。说"看书记不住",要不是没看过,要不就是看的少。

中部：生活碎片

"看什么书好呢?"这也是学生常问我的一个问题,我明白这句话后面的意思,最好有这么一两本"包治百病"的书,看过一通百通。实话说,就没有这个东西!谁要是以为看过一两本书就学贯中西了,那几乎是白日做美梦呢。

只要是"书",可以说开卷有益,看就比不看强。当然了最好还是看正经版本的书而不是戏说、"水煮"什么的。你想看关于历史的书,请看黄仁宇,请看吕思勉,请看柏杨的《中国人史纲》,而不是去看《明朝那些事儿》;你想看真正的史书,最好看原文的《史记》、《汉书》,而不是看《白话翻译24史》;你想看《西方文化概论》最好配合着《君主论》、《国富论》、《论法的精神》、《人性论》来看,这样你读到的才是学问,而不是填空题般的常识。如果你想了解中国文学的历史,千万把袁行霈的、陈洪的、游国恩的、郑振铎的《中国文学史》都看过来,而不是看什么《唐诗里的故事》……

最后,如果你问我,看书有什么用,我又回答不上来了。我想如果像门口的修车师傅那样,教会了手艺就能挣钱了,这个"用",看书没有。到底有什么用呢?我想最大的用处就是,做一个不盲从、脑袋长在自己脖子上的人吧!

《文字,我们生命的底色》

　　人类会说话。

　　以语言的复杂程度来衡量,大概人类是唯一能说话的动物了,其他动物的鸣或者吼,都不能算作语言。语言的功能实在是太多了,王蒙在他的《语言的功能与陷阱》中就总结了语言有八种功能。但是语言又有一个致命的缺陷,就是转瞬即逝,为了克服这个缺陷,于是人类发明了文字。文字是什么?《文字学》上说的清清楚楚,"文字是记录语言的符号",这个概念告诉我们,先有语言后有文字,倒过来是万万使不得的。

　　现代人大部分都会写字,但是既会说话又会写字的人,其言语表达与文字表达并不一致,有时还差得很远。有的人,长了一张好嘴,所谓"能把死汉子说翻了身",但是落在纸笔上,却是文不通、理不顺,错字满篇,词不达意,不知所云;有的人,"口讷讷不能道其辞",但是下笔有神,

中部:生活碎片

文思泉涌,滔滔滚滚,翻卷自如;还有的人,言语冷静甚至有些滞涩,从他嘴里说出一两句温馨的话,那叫一个"难",偶尔说出来倒有肉麻的感觉,但是文字却悱恻缠绵,细腻入微,让人好一阵揣摩,久久不能释怀;有的人,言语奔放,热情如火,但是行之于文章,却条分缕析,理智得让人感觉寒气扑面……

一个人的语言和文字,究竟哪一个更加真实?哪一个是他的根本?我认为是文字而不是语言。

语言的学习并不难,只要不是聋哑,只要生活在人群中,都可以学得会。也就是说,语言的学习是外在的,是"受于众的",是"非自觉的";而文字的学习却不是,它是内在的,是"自觉的"甚至是"自我强迫"的。而这个"自觉地"甚至是"自我强迫"的文字学习,大部分源于阅读。

一个人的阅读史,其实就是他的精神发育史。

一个人读过什么书不重要,重要的是他总读哪一类的书;一个人总读哪一类的书也不是最重要,重要的是读过的书对他产生了影响。这个影响的一部分,就是他的文字表达。所以,文字是一个人的"精神线路图",是我们的人生底色。

所以,我不相信那千万句的"I love you",我只相信那落在白纸上的湘江旧迹……

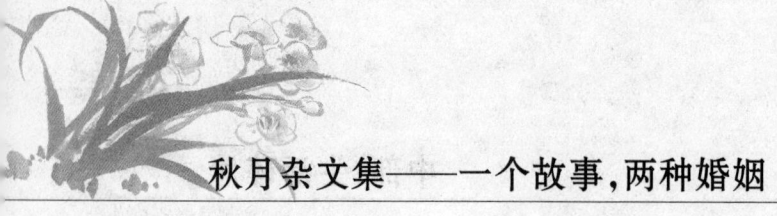

秋月杂文集——一个故事,两种婚姻

《谁伤害了我们?》

今天看了一篇短文,叫《细节伤人》,说了俩故事。

第一个故事说,一个出租车司机捡到了一个20000元的钱包,他本来可以将这笔钱昧下的,但他没有,而是跑电台、登广告、打电话,前后花了三天时间找失主,自然自己的生意也耽误了。但是当把钱包送到失主手里的时候,他说"我的心却凉了"。失主当着他的面把钱数了整整三遍,而且还不时抽出几张对着太阳照,"难道我会把几张假币换进去不成?要是那样我何必还回来呢!"这个善良的司机受到了深深的伤害。

第二个故事说,一对母子,母亲给儿子打电话,儿子接到电话就问"有事吗?"母亲很伤心,说,"你总是不打电话回来,我惦记你,难道非得等有事才找你吗?"一句不经意的"有事吗",刺伤了母亲的心。

这篇文章的题目叫《细节伤人》,在我看来有些"胡子眉毛一把抓"

的味道,因为第二个故事与第一个故事不完全是一回事。第二个故事应该算"亲情回报"。也就是说,当我们对自己的亲人付出亲情的时候,也希望我们的亲人对自己报以亲情。所以母亲的伤心是可以理解的。

但是第一个故事不是。

司机很伤心,可以理解;但是如果我们问一句,失主应该怎样的态度才能使你不伤心、使你愉悦、使你认为这样做"值"呢?答案可以是多样的,但是范围却是定向的。也就是说,使你有"不伤心"、"愉悦"、"认为'值'"等感受的理由源于失主的态度,那么我们可以说,使你伤心的理由也是源于失主的态度——这才是问题关键。

我一点也不否认司机这样做的价值和意义,我更不反对这么做,而且如果换做我,我也会如此。我思考的是大多数"拾金不昧"者在"不昧"的过程中的想法。他们想什么呢?"失主不定多着急呢","这笔钱来的不明,用着心不安哪","如果丢钱的是自己,该怎么样呢",如此等等吧,这大概是大多数人的想法——这些想法没有错!但是,抱着这种想法去"不昧",其实已经暗含了"求得回报"、"求得肯定"的心理,已经被对方可能出现的所有的反应左右了自己的心情。当对方没有表现出我们期盼的那种"感激"的态度时,我们就会感觉到"伤心"。

换一个方式,如果我们抱着这样的想法去完成我们"不昧"的过程,"上帝看着我,我不能这么做!""我在做一件好事,我真高兴。"这时,你就不会在乎对方的态度,自然对方的任何细节也不会伤害你。因为,你的目的就是做一件好事,现在你做成了——钱还给失主了;你的目的就是让自己的心灵坦诚于上帝,现在你已经可以笑对上帝了。于是,"人莫予毒"!

当你是为了别人的肯定而做一件事,一旦别人没有肯定,你会觉得自己的行为一文不值;当你是为了自己的信仰去做一件事,别人的肯定否定都不会改变你做这件事的意义。

我们这个民族最最缺乏的,不仅仅是道德提升与法律完善,更多的是"上帝在我心中"的信仰!

中部：生活碎片

《我们的赞美》

中国有句老话,叫"良药苦口利于病,忠言逆耳利于行",其实未必正确。

首先说,"良药"不一定就得"苦口",这一点已经被西方医学充分的证明过了,看看人家糖豆一般的药丸、果汁一样的药水,就知道我们那碗又黑又苦的中药汤子是多么的恐怖。

同样,"忠言"也不一定就得"逆耳","逆耳"的更不一定是"忠言"了。往深了说,"苦口良药"和"逆耳忠言",都是中国文化不拿人当人的一个侧面。

"忠言"是内容,"逆耳"是形式,以为任何人都可以不计较难堪的形式而接受正确的忠言,是中国崇尚"圣贤文化"的折射,实际大部分人做不到。更何况,"逆耳"的还不都是"忠言",就有那么一些人,专以"逆"

别人之"耳"来显示自己的高水平,把你整得难堪至极,最后还不忘追加一句——我这都是为你好!弄得你笑容僵在脸上,干瞪眼咽唾沫。

既是"忠言",何必"逆耳";既是"豆腐心",就别"刀子嘴"了。所以,赞美,尤显重要。

国人历来不擅长赞美别人。

有人担心,赞美会不会让别人觉得是恭维,其实这种担心大没有必要,因为赞美和恭维是有着本质上的区别的。第一,赞美是基于事实,是对一个美好事实的肯定、表扬;而恭维是对事实的夸大甚至无中生有。第二,赞美没有目的,而恭维带有功利性质的目的,也许这个目的一时显现不出来。特别是第二点,可以把赞美与恭维截然分开。所以,如果你自问没有功利性的目的,就可以也应该真诚大胆的去赞美对方。

但是,在有一种人面前,赞美是需要收敛的。这种人往往是人中的精品、极品,他们优秀而高贵,内敛而羞涩,对他们直接的赞美反而凸显

中部:生活碎片

出我们的浅薄来,哪怕你的赞美是出于十二万分的真诚;特别是当着众人面前的赞美,说不定是对他们的伤害呢!面对这样的人中极品,我们所能做的,就是远远的追望、渐渐的靠近、默默地学习着……

不以"逆耳"的形式表达自己的"忠言",这是最低境界;真诚大胆的赞美别人,是稍高境界;在无语中追随、靠近你崇仰的对象,是最高境界。

《瘦的乱弹》

从北京回津,父母以鱼款待,弟弟一家三口和妹夫一家两口也来了,我说"总算吃到鱼了……"由吃鱼,说起了胖与瘦。弟媳说,你说是胖健康呢还是瘦健康呢?没等我回答,侄女说,当然是瘦健康啊!弟弟接茬说,可是"瘦"字从"病"字旁,可见在古代中国人心目中,"瘦"与"病"是一回事。

回家查《辞海》的"疒"部,发现,从第一个字"疗"开始到最后一个字"癯"结束,含繁体字的重复,共计177个字,都是指各种各样的病症,唯有"瘦",解释是"与胖相对,指肌肉不丰满,引申为窄小、单薄"。也就是说,在古人眼中,"瘦"虽不是病,但几乎就等同于病症了。

从某种角度说,中国的历史几乎就是一部饥馑史——这对于一个以农为本的泱泱大国来说,简直是耻辱更是讽刺。翻开史书,总能看见,某

中部:生活碎片

某年天下大旱、颗粒无收、饿殍遍地、"人相食"等语句,在百姓,漫说是"胖",就是"求温饱",许多时候都是奢望,这就难怪古人把"瘦"就看成"病"了;而且,"瘦"比"病"还要命。因为,"病"如果遇到良医,好歹还是能治的,而"瘦"的原因——饥饿,往往是社会造成的,无以为治,况且,"病"的人数总是少于"瘦"的人数的。

为了求得"不瘦",中国人把"吃"就放在了首位,"吃了么"作为问候语才消失了几年呢!而"吃大户"、"闯王来了不纳粮"、"跟着你有肉吃"不仅流传千年,而且总是农民起义的根本原因和最终目的。马三立的相声说,"等我发财了,我天天吃包子……";宋丹丹的小品说,"等咱有了钱,咱天天喝香油,喝一碗倒一碗……"直到共产党这一代,其取得胜利的法宝之一还是"打土豪分田地",还是"包产到户"。一句话,还是为了"不瘦"而奋斗着并且成功了。

从嘴到胃,不过40厘米,如果一个民族的历史总围着这40厘米打转转,那么,就是有再多的农民起义也不会诞生出马丁·路德金,不会诞生出华盛顿和富兰克林;这也是为什么法国大革命一次就解决问题,而中国历史上无数次的农民起义也没给中国带来根本上的变化的原因。

一个国家如此,一个城市也是如此。把"够吃够喝"当作生活的理想,把花费几千元去旅游看成"有病,出去不还得回来么",把几杯薄酒、

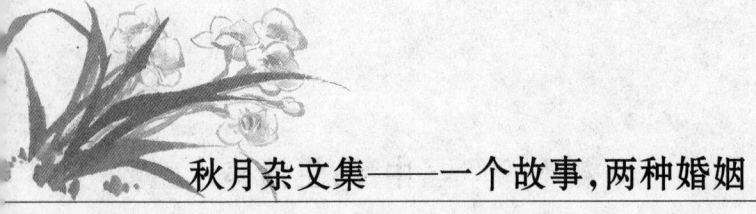

秋月杂文集——一个故事,两种婚姻

一壶清茶、几个知己的小聚看成"吃饱了撑的",这样的城市不是城市,而是超大的乡镇;这样的市民也算不得市民,而是不下地的农民——虽然市民这个词儿有时并不是什么好词儿。

中部：生活碎片

《时间与速度》

奥运期间津京高铁的通车，使得两个相距120公里的城市变成了"一个"城市。第一次乘坐高铁觉得实在不可思议，于是感叹那句话：空间不是问题，时间不是问题，速度才是最大的问题。

同样，昨天的早晨我还在武昌郊外黄陂区的度假村徜徉，一天之后，又坐在了天津自家的电脑前。

冰冷的钢铁和沸腾着的燃油，造就了现代化的交通工具；而现代化的交通工具又给人们带来了过去不敢想象的事实。但是可曾想到，冰冷的钢铁消弭了人类最柔软的温情，而沸腾的燃油又浮躁了人们沉静的心情。在它们的作用下，我们没有了"相见时难别亦难"的努力和回味，没有了"近乡情更怯"的酝酿和积淀，也没有了"长亭更短亭"的过渡和筛滤，更没有了"刘郎已恨蓬山远、更隔蓬山一万重"的遗恨和牵挂，却瞬间

秋月杂文集——一个故事，两种婚姻

完成了"今朝酒醒何处,杨柳岸晓风残月"的时空转化。就仿佛一首曲子,一下子从"do"直接划向了"la";又仿佛一个窗前凝望的少女忽然一回头变成了火炉前老婆子。这样剧遽的变化实则是对人的折磨,使人在它的面前产生了变异,因为在这样剧遽的变化面前,你要么适应它,最后使自己要么心地坚硬如钢铁、浮躁如燃油,要么备受钢铁与燃油的折磨。

9月28日的晚上7点,我们从全国各地同时登上飞机、火车、轮船等交通工具,并互相发着短信说"我也出发了"。当晚10:55,我最先抵达了武昌机场,之后的一个小时又40分钟,老友们陆续赶到,时隔25年,我们相聚在湖北,真是印证了那句话,空间不是问题,时间不是问题,速度才是最大的问题。

但是空间和时间真的就不是问题了么——在仅仅有了速度之后？

5年,25年,在时间的长河里算得了什么呢？不过一点涟漪,但是足以折磨了一个人也改变了一个人。看着你的眼睛,我惟有的是在一个一个的开心笑话之后,迅速转身掩饰的泪水,还有就是那并不明亮的床前月光……

在漫长的时间里,每一个人都是宇宙的孤儿,而速度只是使我们找到了一时的"干亲"而已,它并不完全真实。

中部：生活碎片

《不说、说、说什么》

  我一直喜欢一句老话，叫做"人心都是肉长的"，我理解这句话的意思是，在人的心底深处，都有一个最最柔软的地方。往往越是坚韧的人、越是外表刚烈或粗砾的人，那个柔软之处也就掩埋的越深，同时，其程度也就越发柔软，越发的碰不得了。而抵达这个"肉长的"柔软之处的方式莫过于——交谈。

  人类是唯一会说话的动物，虽然这个观点还在被质疑。如果从交流的角度说，动物也会"说话"，王蒙就曾经打趣说，如果动物的交流也算说话的话，那么你们面前的王蒙大概就是一匹公马了。但是动物再能交流，估计也远没有人类所要表达的意思复杂，所以从"复杂"这个角度，比如尽在不言中、比如话里有话、比如言在此意在彼，等等，动物的交流还远算不得是语言。

秋月杂文集——一个故事,两种婚姻

交流首先得"说话",不说怎么交流。所以,说与不说,有话说与无话可说,有着本质上的差别。两人见面,话不投机、无话可说、为了打破尴尬拼命的"没话找话",都是不能交流的标志。所以,从不说到能说,是一个"质"的飞跃。

但是更关键的还不是说,而是——说什么。在我看来,过了中年,每个人基本都生活在一个外壳的包装之中,差异只是这个外壳或大或小、或薄或厚而已。如果我们说的话只是停留在外壳的层面上,比如家庭啊、孩子啊、人际关系啊、股市啊、房地产啊,等等,我们就永远不能抵达那个"肉长的"部分,所谓的"串皮不入内",与张三说的和与李四说的,没什么差别,最后也记不住了。

解决了说什么的问题,还得看怎么说。巧言令色、察言观色、投其所好,也是说;而且一开始也感动人,也能抵达那个"肉长的"地方。但是,这不是自发的心灵交流,而更多的是一种手段,其目的是什么就不好猜测了。一旦被识破,当初被感动的人要么觉得很失落,要么会恼羞成怒——敢情我付出的是真心,你跟我玩的是手段啊!

所以,说、说什么、怎么说,还是本色的好。

中部：生活碎片

《把快乐建立在自己的快乐上》

有一句话我很是不理解,"把自己的幸福与别人分享,一个幸福就变成了两个幸福;把自己的痛苦与别人分担,一个痛苦就变成了半个痛苦"。我不明白的是,分享不就是告诉别人,不就是跟别人絮叨絮叨么?怎么同样是把自己的事情(有时是秘密吧)告诉别人,好事就翻倍,坏事就打折呢?这帐儿是怎么算的?

我们似乎特别钟情于格言、箴言这类东西,而不究其真假深浅。以我的理解,这句话应该是有前提的,那就是,无论幸福还是痛苦,得看与你分享、分担的对象。对象找对了,幸福翻倍,痛苦打折;对象找错了,结果就不那么美妙了。在我看来,无论幸福翻倍还是痛苦打折,至多存在于挚爱亲友中。比如,我儿子考取了硕士,真正为他高兴的当然是我,还有他的外祖父母、姨妈舅舅等,别人至多是客气客气。不顾及对象,不仅幸福翻不了倍，说不定还能贬值。比如，A女与B女同时爱上一帅男，帅男反复斟酌，选择了B女，这时，B女把自己的幸福与A女分享，能翻倍么？如果对方出于妒嫉使使坏，幸福说不定反而打折了呢；就算对方不使坏，但是人家心里肯定不是滋味的，这时候，一个幸福没有变成两个幸福，反而变成了另外一个痛苦——A女的痛苦。同理，如果不看对象，轻易的把自己的痛苦说给别人，难免没有幸灾乐祸、传闻消息的人，到时候，痛苦怎么会减半？只怕只有加剧了。

也许有的人会说，与他人分担、分享苦乐是一种倾诉，这个我不反对，但是我们想过没有，在我们享受着倾诉的痛快的时候，也同时承担着自己的秘密可能被别人泄露的危险，"甘蔗哪有两头甜"？最后造成要么把自己的快乐建立在别人的痛苦上，要么把自己的痛苦建立在别人的快乐上，都违逆了当初"幸福分享翻倍、痛苦分担打折"的初衷。

所以我还是赞成"没事偷着乐"和"胳膊折在袖子里"，为自己的幸福与痛苦保密，是一个人成熟的标志，也是对他人的尊重。

让我们把快乐建立在自己的快乐之上！

中部：生活碎片

《穿梭在梦幻与现实之间》

人生在世，羁绊甚多，做梦的心如同小鸟的翅膀被铁砣般的现实沉沉坠住，没有了飞翔的力量。

中年一过，无论有家的还是单身的，都不轻松。有家室的往往被"三老一少"绊住，所谓的"三老"是指老人、老板、老公（老婆），所谓的"一少"是指孩子。从去年组织草原之行到今年的湖北恩施采风，总是开始时报名踊跃，出行时所剩寥寥，不是在老板上级那儿请不出假来，就是老公老婆说家里的事情该料理不许走；不是老人突然生病就是孩子升学闹心，最后真正成行者不多，都没有超过6人。没有家室绊脚的好些，但是也不是抬脚就可以走的，毕竟口袋里的银子一个人挣的不如俩人多，常出去就得算计了。所以，古人云"偷得浮生半日闲"，这个"偷"字，足见闲暇的不易，所以，闲暇期间外出旅游，而且是不带家眷的旅游，确实有

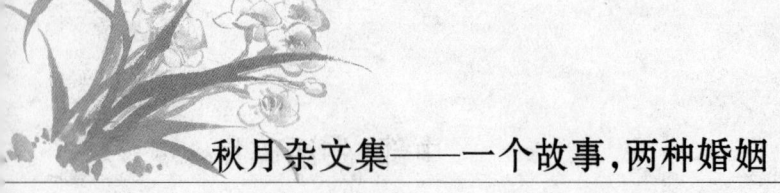

秋月杂文集——一个故事,两种婚姻

梦幻的感觉了。

但是,人是不可以没有梦幻的,那样的生活就太"坐实"了,关键在于怎么处理梦幻与现实的关系。林黛玉有句名言,大意说,天下没有不散的宴席,因为怕散,所以干脆不聚。那么套用过来,天下没有不醒的梦幻,因为怕醒,干脆不梦?

我的主张却不是这样。

我以为,有梦就当梦境来做。既做了梦,就把它做虚、做美;现实就当现实来行,既回到现实,就把它做实、做稳。就是说,当我们能够偷得半日闲,去完成那明知是梦幻的旅行时,我们就应该全身心的投入,放开我们的言语、放松我们的身体、放纵我们的思想,把一切羁绊和顾忌都扔它个九天之外——见鬼去吧!如果此时还惦记着家庭琐事、工作沉杂、人际关系,岂不是辜负了这上帝的美意和这难得的半日闲?岂不是不得尽欢,有负生命?当我们重新回到现实中的时候,我们就应该努力的甚至自虐一般的工作,如果此时还神飞天外、走思发呆、以假当真、不能自拔,岂不是拿自己积累半生的事业当了儿戏?所以,既不能因现实破坏了梦境,也不能以梦境替代了现实;既不能因为美梦早晚得醒而拒绝做梦,也不能因为梦境太美而死赖着不肯醒。穿梭于梦幻与现实之间,才不负这渐渐逝去的韶华和依然可待的激情。

在恩施时,晚上与朋友聊天,说起一个故事,一个卖豆腐的青年,总

中部:生活碎片

是一边做生意一边看书,记者发现后,大加赞美一番,以"有志向的好青年"刊载于报纸。不想周围同样做豆腐生意的小贩们均不买账,哂笑说,要不认认真真地卖豆腐挣钱,要不踏踏实实的复习考大学去,做出这样"半吊子"的姿态来给谁看?想想,倒与梦幻现实有几分相像。

人生短暂,让我们把有限的生命浪费在美好的事物上!

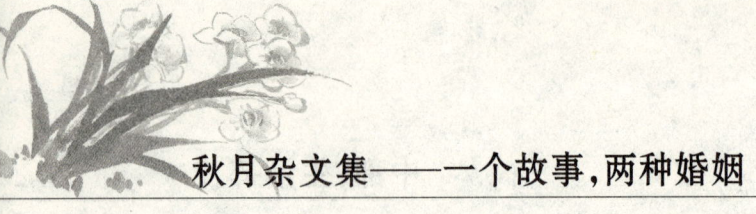

秋月杂文集——一个故事,两种婚姻

《漫说人生"四大铁"》

据说人生有"四大铁",即所谓"同过窗的"、"扛过枪的"、"嫖过娼的"、"分过赃的"。话虽俗,但理不偏。

先说后两种,"嫖过娼"和"分过赃"实际是一种性质的事情,就是彻彻底底的展示了人性中的丑和本性中的恶!人性底线在双方之间同时被突破,俱荣俱损,谁也比谁好不到哪儿去,不"铁"也不行了。

"扛过枪"是指从生死前线走过一圈的人。当兵三年,看母猪都是双眼皮儿,何况上过战场!枪子儿无眼,炮弹长腿儿,刚刚还是对面胡吹海喝的哥们儿,但听得"嗖——"的一声,一命呜呼了,能不杀红了眼?能从那样的生死前线一同走过来的,谁不是捡了一条命,说"铁",不屈!

最后说这个同过窗。按说,少年轻狂,同学之谊,又能"铁"到哪里去呢?其实不然。

中部:生活碎片

一个人少年时期与父母同屋而居,成人后夫妻同屋而居,除此之外,你还有什么机会与另外一个人同屋而居长达四年之久?! 而这四年恰恰是你人生最关键的四年,18-22岁,是人生观、价值观形成的时期,不光所受的教育会影响人的一生,同时接受教育的人更是难忘。如果说"三岁看大,七岁看老"的话,那么,大学时代的影响就是把七岁看老给"写保护"了,改都难。

所以,同窗之"铁"虽不是过命之交,虽不是底线再现,也不亚于后三者。

秋月杂文集——一个故事,两种婚姻

《倾诉与泄密》

人是需要倾诉的。

王蒙在他的《语言的功能和陷阱》中说,语言有八种功能,其中一种功能便是心理功能,"它本身就是一种释放,一种宣泄,一种追求心理平衡的手段"。有话没处说,是莫大的悲哀。契诃夫有个小说叫《苦恼》,说一个马夫,他想说说自己的心事,但是谁也不肯听他的,他太痛苦了,最后把自己所有的心事都说给那匹老马听了;电影《花样年华》中梁朝伟扮演的那个男人,存了一大堆的心事却不能道与外人,情人又远走他乡了,于是他找了一棵枯死的树,对着那棵枯树的树洞,把自己的秘密说了。

语言倾诉,实际是人在精神上对自己进行安慰、进行解脱、进行释放的一个手段,有人能够听你说话,自己的话有处说,都应该是一件知足的事情。

中部：生活碎片

但是须知，事情总是有代价的。向人倾诉，是一种精神上的泄洪，当你享受泄洪的欢畅时，你应该想到承担的代价，这个代价就是——被听者泄密。

当我们的秘密被倾听人泄露出去时，我们往往很尴尬，继而很恼火：我向你说了我的秘密，这是我对你的信任，你怎么可以把咱们的话说出去呢！

但是，生气之余，我们是否想过，人家并没有承受你精神泄洪的义务，人家能够接受你的宣泄、倾听你的秘密、忍耐你的诉苦，已经在无意之间承担了你平衡心理、抚慰自己的任务，这已经是人家给你天大的恩赐了，我们又有什么权利强迫人家为你守密呢？

所以，享受倾诉欢畅的代价就是，随时承受被别人泄密的尴尬；而死守秘密的代价就是，自己的委屈自己吞——甘蔗没有两头甜的。

然而，事情还有另外一面，如果我们无意中成为了别人倾诉的对象，或者说，有人非要把秘密讲给我们听，怎么办？我想我们应该反问自己一句，有没有"打死也不说"的本事？有，就满足人家倾诉的欲望；没有，干脆回避，直接告诉人家，对不起我不想听，我做不了你精神泄洪的渠道，我承受不起你对我巨大的信任。所以，获得"值得信任的人"的美名，也是有代价的，这个代价就是——守口如瓶，不炫耀"我比你们知道得多多啦"。

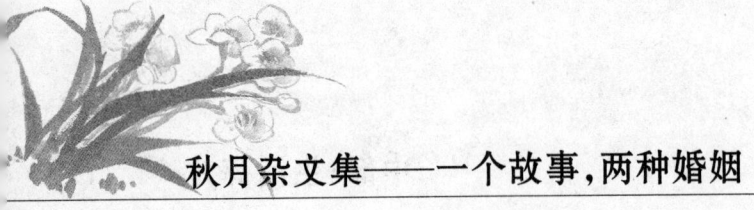

秋月杂文集——一个故事,两种婚姻

可能有人说,说说心里话没关系,关键是找对了人。什么人呢?嘴严的人呗。我认为这不是问题的关键,因为,嘴再严的人也有泄密的时候,嘴再不严的人也有"打死也不说"的时候。那么,什么情况下无论嘴严与否都能够做到"打死也不说"呢?我认为是两种情况,一个是利害攸关,一个是情感上的不忍。说了一个秘密可能损失百万资金的进项,那自然是"打死也不说"了;说了一个秘密可能失去至亲至爱的人,自然是"烂在肚子里"了。

最好的情况是,互为倾诉的对象,同时互为对方守密,这就是古人所说的"人生得一知己足矣"的境界了。

中部:生活碎片

《那几件古人的旧物》

古代情人之间相赠,不像现在的人们,出去买一个什么礼物,而是把自己用旧了的东西赠送过去。有三件古人相赠的故事,每每想起来,总是令我唏嘘感叹。

当年曹操攻破邺城的时候,曹丕和曹植同时看上了袁绍的儿媳妇甄宓,当时甄宓23岁,曹丕18,曹植才13。曹操当然是把甄宓给了曹丕了。为此曹植一直耿耿于怀,后来甄宓早逝,临死前感怀于这位小叔子对自己的真情,将自己在娘家做姑娘时睡过的枕头送给了曹植,告诉他枕在这个枕头上就可以夜间梦见自己了,所谓的"宓妃留枕魏王才"。

后来曹植怀念嫂子,写了《感甄赋》,被曹丕和甄宓的儿子曹睿看到了,曹睿觉得你一个做小叔子的,没来由地怀念死去的嫂子,总有些"好说不好听",于是想毁了那篇稿子。但是曹睿也是极有文采的人,发现

秋月杂文集——一个故事,两种婚姻

《感甄赋》写得实在好,于是就给它改了个名字,这就是有名的《洛神赋》。

第二件旧物相赠的故事却引发了一桩血案。当年唐宰相房玄龄很受唐太宗李世民的赏识,于是太宗将自己的小女儿高阳公主下嫁于房玄龄的两个儿子之一,或房遗植,或房遗爱。中国的父母有个特点,对待子女历来是"劣胜优汰"——越是不争气的儿女越能得到父母的关爱和偏心。长子房遗植相貌清秀且文武全才,应该是不愁找媳妇,而次子房遗爱不过一介武夫,于是房玄龄将高阳公主嫁给了房遗爱。

新婚之夜,公主见夫君如此鲁莽,于是只行君臣之礼,而不肯行周公大礼。转天见到了俊朗的大伯子,更是心猿意马,但是大伯子是绝对不敢打小婶子的主意的,朋友妻尚不可欺,况弟媳妇?只有远远地躲

中部：生活碎片

了——跑到外地戍边去了。

高阳公主的一腔柔情无处倾诉，于是参禅悟道，进了禅院，在禅院，高阳公主结识了大和尚辩机，他们好上了，前后有十来年的时间吧，居然生了两个孩子。这中间高阳公主送辩机和尚的礼物，仍是一个自己睡过的旧枕头。

后来辩机的禅院失盗了，盗贼将偷到的东西去变卖，其中就有这个枕头，偏偏遇见了识货的人，一看便知是宫里的东西，"一个公主的枕头怎么会在一个和尚的禅院里？"这真是太有故事了……最后，辩机被腰斩于长安郊外。辩机，这位伟大的佛学家，中国第一位佛经翻译者，他将唐玄奘带回的经卷翻译了绝大部分，最终却落得这样的下场。

第三件旧物当属贾宝玉送黛玉的那条手帕了。

当宝玉让晴雯把旧手帕送去时，晴雯还不解，说，"白眉赤眼的，送旧帕子做什么……"宝玉说，"你只管送去……"果然，黛玉解了，黛玉哭了，"眼空蓄泪泪空垂，漫洒闲抛却为谁？尺幅鲛绡劳惠赠，为君哪得不伤悲！"高鹗的续本不管其他部分好坏，焚稿这一节写得总算是对得起曹老先生的。

所谓旧物，就是实用性不是很强的物品，所以越旧越能见其真情。现代人真是活回去了，在我看来，那一辆价值百万的保时捷，也比不上当年的枕头和手帕——当然了，无论送保时捷的还是收保时捷，也压根儿就不是风流才子。

《关于"叛徒"的反思》

最新一期的《读者》上刊发了一篇回忆抗联女烈士赵一曼的文章,看后心里很难受。这种难受还不是以往意义上的难受,而是恐惧和痛苦。我把那两页用浆糊粘死了,并且把这期的《读者》放在了书柜的最下层,我不想也没有勇气看第二遍,更不希望我的孩子们看见。

我们这一代人所受的教育告诉我们,有这样的一种人不可饶恕,他们的代表人物叫甫志高和王连举,他们因为被捕后受不住酷刑的折磨而背叛组织和信仰,最后被一个拿着驳壳枪、义正词严的说"我代表人民代表党判处你的死刑"的人给枪毙了。我们的教育还告诉我们,有这样的一种人值得我们学习和敬仰,他们受尽各种酷刑但却坚持下来没有变节,他们的代表人物叫江姐。记得江姐有一句名言,"竹签子毕竟是竹子做的,共产党员的意志是钢铁",我不知道受刑时的江竹筠是否说过这句

中部:生活碎片

话,看了回忆赵一曼的文章,我想,一个人在经受着筷子粗细的竹签子钉入十指,十个指甲全都崩裂的时候,还能不能说出这样有诗意的话来!

美国的一位神经病理学家专门研究过人的痛感,指出,当痛感袭来时,哪些神经收集痛感,哪些神经放大痛感,哪些神经传递痛感,最后得出结论,有些剧痛确实是人类无法承受的。一个人因为无法承受超出人类极限的剧痛而放弃自己的组织原则和信仰,即所谓的"招了",是大大可以原谅的事情。

但是,在我们这个主张"忠"的文化里,叛变是绝对不能够被允许和原谅的。古代,宁做"末世孤臣"不做"逆子二臣";而这种"忠"文化在上个世纪被发挥到了极致,所谓"严守秘密","永不背叛"。这样,一个加入了组织的人,一旦被捕,就只有死路一条了——要么被敌人的酷刑折磨致死,要么忍受不住酷刑叛变,出来被"代表人民代表党"的人就地正法。

但是我认为,问题的关键还不在于我们对叛徒不肯饶恕,而在于我们对于那些"严守秘密""永不背叛"的江雪琴们的赞美。当我们赞美他们以顽强的意志战胜敌人的酷刑时,实际是用敌人的残暴为我们自己脸上贴金!我们削弱了敌人的罪恶!转移了事情的性质!间接的宽宥了敌人!

比如赵一曼,从被捕到被杀害,历时十个月,在这十个月里,31岁的

秋月杂文集——一个故事,两种婚姻

赵一曼经受了惨绝人寰的酷刑:用烧红的铁签子钉十指,然后将崩裂的指甲拔掉再泡浸在浓盐水中,用烧热的辣椒水和凉汽油轮流灌入喉咙导致腹胀如鼓,然后用棍子猛压腹部,用烧红的烙铁烙平了两侧的乳房,用手术刀一根根的敲掉肋骨;更为下作的是,每次受刑都是在完全裸体的情况下。而且,为了不使赵一曼昏迷,行刑前先注射强心针和高品质的球蛋白,使赵一曼精神处于高度亢奋状态,极度痛苦却不会昏迷。最后,又专门"发明"了针对女人敏感生理部位的电刑,在长达7个小时的电刑中,赵一曼完全失禁,体内所有液体排出,腥臭难闻,呕吐直到吐出胃液和胆汁,眼球呈血红色凸出眼眶,舌头垂到下巴,口鼻流出粥状的白色液体……在这样的酷刑折磨下,"招"与"不招"又有多大意义?! 什么样的组织原则和秘密值得我们与之抗衡? 即便是"招了"又有多大的不可原谅? 如果我们用这样的酷刑来反衬我们"顽强的意志",难道不是削弱了敌人的罪恶? 转移了事情的性质? 间接的宽宥了敌人? 因为这不是政党与政党间夺权的问题,也不是国家与国家侵略的问题,这是反人类的问题! 这种刑罚的设计者和执行者,他们不仅不再具有人性,连兽性都不具备了,他们是这个星球上的魔鬼,是人类文明史上的巨大羞耻!

而那些被称作"叛徒"的人,实际是被迫以自己的血肉之躯和魔鬼抗衡而没有抗衡得过的人,却不被我们自己所原谅,我们的人性底线又在哪里呢?

中部:生活碎片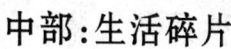

  二战结束时,美国的麦克阿瑟将军在受降书上签字,他先后使用了三支钢笔,签字仪式完,麦克阿瑟说,这第一支钢笔送给我的母亲,因为她养育了我;这第二支钢笔留存西点军校,因为它培育了我;这第三支钢笔,送给在二战中被德军俘虏后受尽酷刑而被迫投降的盟军最高军官。
  麦克阿瑟的话值得我们这个坚守"忠"文化的民族去反思,因为——它闪烁着人性的光辉!

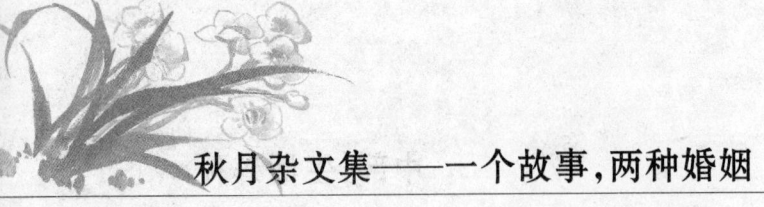

秋月杂文集——一个故事,两种婚姻

《善良是本性或修养,而不是手段》

下面的这个故事大家一定看过。

在日本发生了一件千真万确的事,有人为装修拆开了墙,日式住宅的墙壁通常是中间架了木板后,两边批上泥土,其实里面是空的。他拆墙壁的时候,发现一只壁虎被困在那里,一根从外面钉进来的钉子钉住了那只壁虎的尾巴。那人见状,既觉可怜又感到好奇,仔细看了看那根钉子,天啊!那根钉子是十年前盖那房子的时候钉的。到底怎么回事?那只壁虎竟然困在墙壁里活了整整十年!黑暗中的墙壁里的十年,真不简单。不对呀——他继而寻思,尾巴被钉住了,一步也跨不出去的壁虎,到底靠什么撑过了这十年?他于是暂时停止了装修,看看它到底吃了什么。他要一探究竟。过了不久,不知从哪里又钻出来一只壁虎,嘴里含着食物……啊!他一时愣住了,这是什么样的情形啊!为了被钉住尾巴

中部：生活碎片

而不能走动的壁虎，另一只壁虎竟然在十年的岁月里一直不停地衔取食物喂它。

亲人，朋友，异性，手足……随着计算机等科学技术的普及，人类获取信息的速度越来越快，但是人与人之间的距离是否也越来越接近呢？

所以永远也不要放弃你所爱的人！

这个故事是我的学生发给我的，如果仅仅看这个故事，我很感动，也为我的学生而感动，毕竟，他能够看出这是一个"善"的故事，但是，后面的语言不对劲了："请将这个故事转寄给每一位接触过你生命的人，你一定要在96小时之内将此信脱手哦！"

接下来就是，如果在96小时内寄出，将获得怎样怎样的好处，并且举了好几个例子证实，比如，菲律宾的何厄·维令希收到信后没有及时转寄出去，他失去了他的妻子，后来他照办了，他中了7,775万英镑。康斯坦丁·欧斯接到这样的信，他让秘书复制20份并寄出，几天后他中了一笔2,000,000英镑的彩票。

再接下来就是近乎"诅咒"的相反的例子，英国一青年收到信后忘了在96小时内寄出，结果他一再失业，后来他找到了这封信，立即复制并寄出20份，三天之后，他获得了党内一个高级职位，直到最后他成为英国第一号人物。劳伦·尔柴尔德收到此信后不相信，将信丢弃，他死了。1987年加利福尼亚一妇人收到这样的信，她虽决心将此信寄出，但她没有做到，结果遇到各式各样的麻烦，包括花很多钱修理汽车，后来她重新打印并寄出了这封信，她获得了一辆崭新的小轿车。

这类转寄的信我看过好几次了，都是我的学生给我的，今天我不得不发言了，因为我是你的老师，我是你信任的老师——否则你也不会发给我。

在这里，我要跟你——我亲爱的学生说，我是绝对不会以"转寄"的方式寄出这个无聊的信的，不是因为我不相信，而是因为善良这个东西，可以是人的天性，比如有人相信"人性本善"；也可以是人的一种修养，比如有人主张"教之为善，不教为恶"。但是不管怎样，善良都应该是一个没有目的的东西。如果我们的善良是为了谋求什么自身的好处，如果我们做不到善良就必须遭到诅咒乃至报应，那么这个善良就是大打折扣的，甚至是一种"伪善"，"伪善"就不是善，而近乎于"恶"，至少是"算计"。

进而，我坚信，一个行为如果伴随着"诅咒"，那么这个行为就不可能是善，只能是恶，至少是心底深处的阴暗！

退一步，如你所说，这封信发出于 1877 年，从未失验过，那么，1877 年到今天过去了 130 多年了，应该有许许多多的人被幸运之神光顾过了吧？可实际上呢？就在这 100 多年里，我们生活的这个世界动荡不止灾难频仍，仅仅中国，在日军侵华时期的南京，就有超过 30 万的无辜百姓

中部:生活碎片

死于非命,还不要说种族残杀的非洲和战争不断的中东,是他们压根儿就没有接到过这样的信呢,还是他们因为"不信"而拒绝转寄活该"倒霉"呢?

最后说到我自己,如果文章发表也算转寄的话,我倒要看看96小时后我能获得什么幸运;如果不算转寄,而我又没有照你说的方法转寄的话,我倒要看看有什么倒霉等着我。

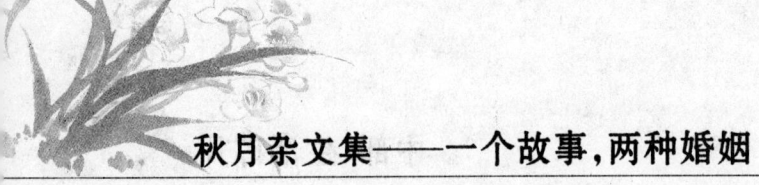

秋月杂文集——一个故事,两种婚姻

《人生理想与说实话》

今天看了一则消息,天津某大学中文系的班主任给2007级学生开班会,主题是"人生理想",收到的答案使班主任"很失望"。

班主任说,以往这类班会,关于理想的答案都是"当一个合格的语文老师"、"做国家的栋梁"等套话,但是这次不是,学生的人生理想竟然是"有一间大房子,阳光晒在阳台上,我懒洋洋的喝着下午茶","能够住进跃层式住房,再养一条大狗",甚至直言说"找一个又有钱又帅呆的好老公"。班主任忧心忡忡地说,"这么年轻就缺乏理想主义色彩","没有一个学生把周游世界当作自己的理想","以前最浪漫的中文系学生竟也如此功利"。

记得十几年前看过一篇文章,说一群中美学生在一起座谈,也谈人生理想。一个美国学生的理想是将来成为一个调酒师,中国学生的理想

中部：生活碎片

大多是成为科学家。结果十几年过去了,那个想当调酒师的美国学生真的自己开了酒吧,真的成为一名出色的调酒师;而中国学生呢,结果不说大家也知道了。这篇文章要表达的意思是,所谓人生理想不以是否远大计,而是以能否实现论。

我们有这样一个错误的认识,仿佛人生理想应该与政治思想挂钩,人生理想越宏大,政治觉悟越高,思想越纯正。其实二者没有必然关系。就说那个最为老师所不齿的理想,"找一个又有钱又帅呆的好老公",这样的人生理想怎么就不可以呢?难不成个个女生的理想都是当南丁格尔、林巧稚、吴仪才是正确的么?再说了,"找一个又有钱又帅呆的好老公",这人生理想相当宏大,你以为容易实现啊?再说那个"有一间大房子,阳光晒在阳台上,我懒洋洋的喝着下午茶"的人生理想,如果这样的理想人人能够实现的话,岂不是和谐社会了么?又有什么不好呢?

当然我们希望能有比这更加远大的理想,比如"我想成为中国语文教育界的泰斗"之类,但是,不是每个人都能实现这样的理想——这也是

秋月杂文集——一个故事,两种婚姻

现实吧?明明知道不是每个人都能实现所谓的"远大理想"的,偏偏让每一个学生都这样说,不是逼着他们虚伪,就是让他们觉着,所谓人生理想就是幻想,说着玩儿而已。

班主任的忧心忡忡还在于,"没有一个人的理想是周游世界的",天!请问这是你班主任的人生理想,还是全中国人的人生理想?我们什么时候被灌输过这样的人生理想?又有几个中国人实现了这样的人生理想?还有,"以前最浪漫的中文系学生竟也如此功利",如果这也算功利的话,我看真不是什么坏事,学文学的学生浪漫、虚幻、不食人间烟火似乎是出了名的,直到毕业后走向社会,在现实面前碰得头破血流,才知道"锅是铁打的",可是往往已经晚了。对于学文学的学生,多一点现实、少一点虚幻,不是什么坏事——哪怕有些功利。

最后要说说我个人的理想,不一而足:如果永远这么一个人生活,我的理想是到处旅游;如果能有一个知心爱人陪伴我,我的理想是在衣食无忧的前提下,住在乡下,养一条大狗——瞧,我的理想比那些刚刚入学的中文系学生强不了多少。

中部:生活碎片

《偶读史书的闲话》

先看这一段,"晋平公与群臣饮,饮酣,乃喟然叹曰:'莫乐为人君,惟其言而莫之违。'师旷(瞎子)侍坐于前,援琴撞之。平公披衽而避,琴坏于壁。公曰:'太师谁撞?'师旷曰:'今有小人言于侧者,故撞之。'公曰:'寡人也!'师旷曰:'哑!是非君人者之言也。'左右请除之,公曰:'释之,以为寡人之戒'"。

晋平公与大臣们开"party",喝大了,把实话说出来了,"这世界上没有比做国君更快乐的事情了,只要我说话,没人敢说个不字"。说老实话我挺佩服这晋平公的,为嘛?实事求是呗,一言堂就是一言堂,一人拍板就一人拍板,不遮遮掩掩。他可以说"日理万机"啦、"兢兢业业"啦、甚至"把毕生的精力都献给了什么什么事业"啦,但是他没有。这实话一说,就是几千年哪!看起来一个人说了算的感觉是非常"爽"的,只是有的人说出来了，有的还在那"装"。有这样生杀予夺的大权，谁不向往呢？于是"舍得一身剐，敢把皇帝拉下马"的远大理想就树立起来了。拉下马干嘛呢？是自己做皇帝，享受一下"惟其言而莫之违"的快乐。

这时候瞎子太师、也是琴师的师旷闪亮登场，抄起手中的琴就照晋平公拍过去了，把晋平公吓一跳，说"你这干嘛呢"，师旷说"你身边有小人，我拍那个说话的小人"，晋平公说"哪里有什么小人，刚才说话的就是哥们儿我呀"。师旷这才正言道，"哎呀呀，这话可不是君主该说的啊！"

这一段很有意思。师旷实际是利用了自己的生理缺陷，在那装疯卖傻，暗讽晋平公是小人而非人君的觉悟。其实，在"惟其言而莫之违"的前提下，哪里有什么君子？我一直相信人性上的本恶，只是没有相应的土壤，一旦土壤适合，每一个人心中的"恶之花"都会开放。一个国家的治乱不在于铲除执政者心中的"恶之花"，而在于尽量减少让"恶之花"

中部:生活碎片

开放的土壤。"惟其言而莫之违"就是这样的土壤而且还相当的肥沃,不信,后面的"左右请除之"就是佐证。

最后晋平公还是采纳了师旷的意见,从善如流了。但是我有两个疑问,第一,师旷如果不是瞎子而是明眼人,那么他必须直言讽谏,那么就不给晋平公台阶下了,晋平公还会放过他么?第二,如果晋平公事后悄悄地把师旷给"办"了,如师旷者又能怎样呢?这一种情况肯定比"以为寡人之戒"要多得多吧!再进一步设想,直接说出"惟其言而莫之违"并且坚持"犯混"的,充其量是真小人;表面说着"以为寡人之戒"背后整治那些敢于对"惟其言而莫之违"叫板的人,才是伪君子。后者永远比前者可怕!

从项羽的"彼可取而代之"到刘邦的"大丈夫当如此也",从"皇帝轮流做,明年到我家"到"舍得一身剐,敢把皇帝拉下马",都是一回事,都是冲着"惟其言而莫之违"的快乐去的。不铲除这种土壤,只能诞生两样人物:一是或真混蛋或疑似混蛋的皇帝;二是"请除之"的"左右"们。而后者又是前者的后备军。

只是,"惟其言而莫之违"这块恶之花的土壤太广阔、太深厚、太肥沃了,真的想铲除它的人少,打算在上面种花种草的人多。而已经在上面开花结果的人更得护着它。近三千年过去了,我不知道这样的土壤全世界还有几块,中国何时铲光……

《起个好名字》

学校发下新生花名册,一看,怪名一大堆,都是不认识的字,什么"彧"、"嚣"、"䬍",念不出来。理科老师念错了还情有可原,你一个文科教师还是教中文的,念错就不可原谅了。只好提前拿来名单查字典。

其实呢,名字这个东西在于寓意,而不是抱着《康熙字典》、《汉字大字典》翻怪字。好的名字恰恰是通俗至极的大众字。比如"金开诚",出语"精诚所至,金石为开"的成语;"徐城北",出语《邹忌讽齐王纳谏》里的帅哥"城北徐公";歌手成方圆的名字也不错,"没有规矩,不成方圆"。

我喜欢研究名字,也给不少孩子起过名字,现在想起来还很得意。

我侄女出生时,孩子的奶奶——我妈说,一定带一个"心"字,因为这是奶奶的心肝儿,弟弟却说不能俗气,得有文化底蕴。于是我翻出《历代女子诗选》,有"读毕玄华凭窗坐,月光如水静我心"的诗句,起名"静心",寓意成为女才子,而这个"月光"又应和了我这个做姑姑的名字——秋月。结果弟弟、弟媳、奶奶皆大欢喜。

表妹的孩子出生时我去看,好家伙,这黑胖小子,8.5斤,孩子属鼠,于是我想起了《诗经·硕鼠》一首,鼠在十二生肖中为"子",起名"子硕",翻译出来就是"胖老鼠"的意思。

同事的哥哥得了一个儿子,请我起名,还告诉我,一定得含有哥嫂的姓氏。哥哥姓杨,嫂子姓陈,嫂子是当年的大美人校花,哥哥追求嫂子时可是费了一番功夫。于是我说,按说呢,凭你哥的相貌,追求你嫂子可说是望尘莫及的,但现在是"望尘能及"了,孩子就叫"杨及尘"(及陈)吧。等我解释了含意,一座称绝。

同事再婚,前面有一个女孩叫李媛,后妻又生一女孩,做爸爸的极希望这两个相差12岁的姐妹能够和睦,说一定要在名字上显示出来,我说,那就叫"李嫒","嫒"与"媛"乍看一样呢。这姐儿俩是否和睦我不知道,但是当爹妈的请我吃饭是肯定的了。

同事姓周,得一双胞胎,我起名"周依""周墨",想来这过日子,不就是从周一过到周末么?

数学系樊教授中年得子,欢喜劲儿还没过去,挠头的事儿就来了——那小子太爱哭,害得樊大教授大冬天的在门口蹲着。邻居一问,教授说:"哭哭哭,烦不烦呐!"我说名字起了么,教授说哪顾得上啊,我说

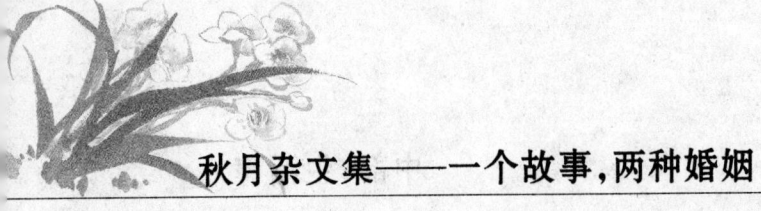

就叫"fán – bù – fán"。这下教授不干了,"将来孩子大了,得说我这个当爹的不待见他。"我说音同字不同,"樊步凡"——谁不是走在凡尘的路上?

朋友调笑说,秋月会起名,寓意深刻,又喜欢《周易预测》,干脆再来个兼职吧,起名公司外加算命。我说不干,不是掉不下身价的问题,是我认为,这种事情一变成职业,了然无趣不说,其真诚度就大打折扣了。

中部：生活碎片

《此"易中天"非彼"易中天"也！》

易中天"火"大发啦！

胜过超级女声，不亚花样美男。何以见得？有例为证：例之一，上个月老易在北京签名售书，京津两地的"粉丝"半夜四点排队，签名队伍长达400米，因为场面过于庞杂混乱，不得不动用警察，提前收场。那些好不容易排到跟前而没有签上名的"乙醚"当场嚎啕大哭。例之二，老易的《品三国》以260万天价卖给出版社，起印数字55万册；与老易相比，余秋雨的《文化苦旅》简直是小巫见大巫。例之三，连续三周，《品三国》一书在北京上海等大城市图书销售排行榜第一。

但是，在当下的中国，作到"人见人爱"简直比登天还难。老易"火"了，挨骂的时候也到了。以上海葛洪兵为代表的"倒易"派认为，易中天

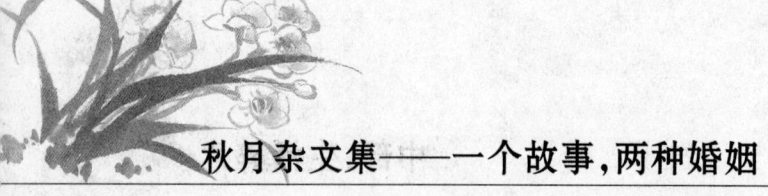

秋月杂文集——一个故事，两种婚姻

是把历史庸俗化，是"满嘴跑火车"，把《三国志》与《三国演义》一起"品"有失学术的严谨，如果再加上"上回书说到""且听下回分解"，整本一个袁阔成。

我是老易的"粉丝"，看到自己的偶像被人炮轰，心里不是滋味之余，又在思考：究竟人们喜欢易中天什么？《百家讲坛》开了两年多了，走马灯似的上台下场的也十来位了，刘心武、孔庆东、马瑞芳、阎崇年、金正昆、姚金铭、纪连海，为什么偏偏易中天这块"云彩"先下雨了呢？

没有调查就没有发言权，于是深入群众，去问——你们喜欢易中天什么？

有人说"模样看着顺眼"，有人说"肚子里有货"，有人说"听着不费劲儿"，有人干脆一个字儿"哏儿"（注：天津话"哏儿"是"好玩"、"可乐"、"有意思"的意思）。于是悟出点道理来——此"易中天"非彼"易中天"也！

此"易中天"者，是央视《百家讲坛》上的易中天，是大众传媒视角下的易中天，是中央电视台在考虑了收视率、广告效益之后挑选、包装、定位的易中天。据我的搞新闻传媒研究的同事说，坐在电视机前的亿万观众的平均文化程度，是初中二年级。试想，如果按葛洪兵的说法，老易拿出他申报职称的论文、拿出他给研究生授课的教案，对着亿万的平均文化程度只有初中二年级的电视观众开讲，其结果将会是怎样——走人吧

中部：生活碎片

您呐！

写学术论文的易中天、做科研项目的易中天、申报职称的易中天、带研究生的易中天，统统是彼"易中天"；而品三国的易中天、"满嘴跑火车"的易中天、拿个席子坐在讲台上讲"避席"被骂为"有失学者尊严"的易中天，是此"易中天"。

此"易中天"非彼"易中天"也！

不信，可以查老易申报职称时的论文和专著，保证不是《百家讲坛》这个味儿的。作为老易的同行，这一点我绝对相信。

和老易相反的例子有一个——我这么说但愿别得罪人——2005年《百家讲坛》推出一个人物，山东大学的马瑞芳。据节目策划人说，与马教授沟通有点困难。马教授很想上央视，很愿意把她的学术成果推向全国，但是她的东西太学术、太专业，讲法又太规范、太"课堂"了。经过反复调整、定位，最后上了《百家讲坛》。但是结果呢？爱看《百家讲坛》的观众，记得刘心武的红楼系列，记得孔庆东的武侠系列，记得纪连海的纪晓岚系列，估计记得马瑞芳的聊斋系列的人不会太多。

当然喽，马瑞芳之所以敌不过易中天、孔庆东们，还有个致命的原因，她是个女的！女性学者很难具备一个特点，就是幽默。在我上大学时，曾经和民间文学教授薛宝琨先生探讨相声艺术，我说"如果真的有一天男人的活计女人都能干了，还有一样女人干不来，就是说相声"，至今

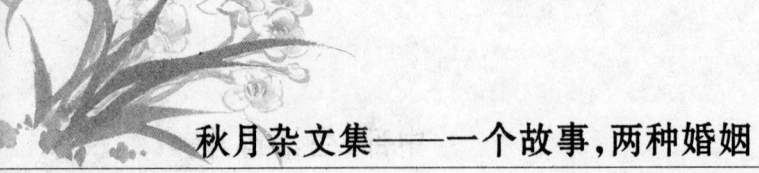

秋月杂文集——一个故事，两种婚姻

我还坚持这一观点。

当然啦，易中天最终"火"过了其他《百家讲坛》的"坛主"，还在于他的聪明，他很快适应了电视这个东西，知道他眼前所看不见的观众不同于他讲台前看得见的学生。关于老易的聪明，有俩例子。一个女记者问老易，"网上说嫁人就嫁易中天，您怎么看"，老易说："那你愿意嫁给我吗？"还有个女记者问，"许多喜欢《品三国》的人连《三国演义》都没看过，就看您的《品三国》了，您觉得对他们负责么"，老易说："如果有一个你不认识的男人盲目地喜欢上你，你觉得你对他负责么？"——这岂止是聪明，简直是狡猾！

但是，电视这个东西，太实在的人是玩不转的。

前天到新华书店买书，看到易中天的《品三国》放在显著位置，我没买。

事后我琢磨，为什么我不买易中天的书？买书是我做教师的分内事，何况是自己偶像的书？何况可以用科研经费报销？但是我没买，毫不犹豫地没买。

我愿意买吕思勉，买启良，买李银河，买我的老师陈洪，但是我不买易中天的《品三国》。如果有机会，我倒想拜读老易没"火"时候的论文。

原因很简单，此"易中天"非彼"易中天"也！

中部：生活碎片

《读易中天的〈我的历史观〉》

在易中天所有的著作中，我最不喜欢的就是《品三国》——太粗糙，太口语化，又滤去了易中天在现场的动态魅力。所以我在我的《此易中天非彼易中天也》一文中说，别的书都可以买，就是不买《品三国》。在一期访谈节目中，老易也承认了《品三国》"有仓促上阵的成分"。

昨天，课余，见学生手中有一本，随便乱翻，发现结尾的附录《我的历史观》一文。只读了两段，立刻觉得如醇酿一坛，香气扑鼻，后劲十足。于是借来，用一个晚上看完，之后，便有了想写点什么的冲动。

一、再谈"伪君子"与"真小人"

两组概念：真与假、君子与小人，相互组合，应该得出四个概念：真君子、伪君子、真小人、伪小人。但是我们会发现,"伪小人"实际是不存在的。

也就是说,我们都有"伪装"的本事,这本事可大可小,谁也不敢保证自己一辈子没"装"过。但是,惟独小人是不需要"装"的;"装"只能是"装好人""装做善良",但是不能"装坏人"。换言之,"坏"是不需要去"装"的,"坏"一旦成为"坏"就是"真坏",就是正儿八经的"坏"。谁也不会脑子进水到了故意去"装坏"。

那种为了某一目的——比如战争时期的地下工作者,比如"刀子嘴豆腐心",其本质不是坏,是好。

这样一来,"坏"就有两种:一种是不用"装"的"坏",赤裸裸的"坏",即"真坏";一种是表面装着"好"的"骨子里坏",即"伪善"。

相对于可怕的程度,相对于给社会和他人带来的危害,"伪善"比"真坏"要厉害!因为"真坏"的结果,一旦大家知道了,就会尽量躲避,所谓"惹不起躲得起";还有就是,一旦"坏"到了一定程度,法律会制裁。而

中部:生活碎片

"伪善"则不然了,它是以"善"的面目出现的,让别人不易察觉,让法律不易发现。

前者是"真小人"后者是"伪君子"。对于社会的危害,"伪君子"要大于"真小人"。

中国自古以来并不多见一坏到底的真小人,而是多有心口不一的伪君子。中国的事情不是坏在那些明火执仗、开口骂娘的真小人手里,是坏在那些口是心非、"说的和做的不一样、做的和想的不一样"、"打着红旗反红旗"的伪君子手里,这样的例子实在太多了。

二、人性的善与恶

人性到底是善还是恶?

我一直认为"人性本恶"。对于这个敏感的问题,易中天没有回答,他绕过去了。但是字里行间还是流露出"人性本恶"的观点。

人生下来是"赤子",是无所谓善与恶的。但是在成人的过程中,或多或少会学点"恶"、学点"坏"。但是是跟谁学的呢?显然是跟"人"学的不是跟动物学的;其次是为什么"恶"的、"坏"的东西一学就会呢?还有,为什么有"从善如蹬、从恶如崩"的老话呢?看来人性中有"恶"的种子——人性是否"本恶"暂且不提,"恶"的种子是有的,一旦水土合适,就"开花"。

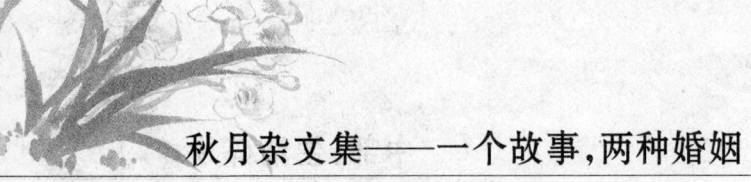

总有人不服气,能举出一大堆的例子,说明"人性本善"。但是我认为,那些"善"的行为、或曰举动,不是"本善",而是"止恶",而"止恶"才是"善"。

什么是"止恶"?"止恶"就是我能干坏事,我会干坏事,我也想干坏事,特别是干了坏事能给我带来利益的时候,但是我能约束抑制自己不去干坏事,干了坏事我就于心不忍——这就叫"止恶",这就是"善","善"就是"止恶"。如此说来,人性还是"恶"的。而后天的学习、受教育,使人能够去抑制本性中的"恶"。这个能够抑制"恶"的机能,就叫——良心!

什么是良心?良心就是"干了坏事我受不了"。

三、良心、顾忌、和"见义勇为"

因为良心而去"止恶",这是"善"。但是可以"止恶"的不仅仅是良心,还有"顾忌"。而"顾忌"和良心又不是一回事。

良心是内在的,是自我的;"顾忌"是外在的,是他人的。

良心是"我不能干坏事";"顾忌"是"我不敢干坏事"。因良心而"止恶",是真善。因"顾忌"而"止恶",是伪善。

"顾忌"者所"顾忌"的可能是个人,也可能是群体,还可能是法律。但是,个人和群体的"顾忌"是不起决定作用的。因为"顾忌"者一旦撕

中部：生活碎片

破脸皮，不"顾忌"了，个人和群体都抵挡不住。从这个角度说，"见义勇为"就值得怀疑。

"见义勇为"实际是给作恶者造成个人上的"顾忌"，让行恶的人在干坏事时有人站出来制止，使行恶者处于"老鼠过街人人喊打"的"顾忌"状态中。但是健全的社会，行恶者所"顾忌"的、所害怕的、所不敢的，不应该是个人，而应该是法律。因为个人没有这个能力，也没有这个义务。

在国外，不主张也不提倡"见义勇为"，因为这不是公民的义务。"止恶"的完成应该交给警察，因为这是他的职责——执行法律。

四、再来说人性善与恶

人性到底是善还是恶？其实都不重要，重要的是你的认识，还有在这个认识上的制度组建。

西方人一门心思地认为"人性本恶"，而且一切的法律规章制度条例，都从"止恶"这一点出发。全国也许有一万个、十万个、百万个楷模、好人，我都不考虑，我考虑的是有一个坏人、小人、恶人怎么办；全国大部分富翁都把资产捐献给国家，我都不考虑，我考虑的是有人漏税、偷税怎么办。

所以西方人的制度叫"底线制度"。它看重的不是人品的高下贤愚，而是这个制度给"行恶者"留下了多大的"口子",这个"口子"应该是越小越好。我不管你想不想干坏事,我只管你干不成坏事就可以了。

在这方面,美国走得比欧洲更远些。它的治国思想就是,一上来先把领导者设计成坏人,然后再制定一套制止他"干坏事"的措施,让你"坏"不起来。富兰克林就说,也许第一个总统是好人,他以后的那些家伙,就难说了!

所以美国有这样的话:"不完善的制度可以使天使变成魔鬼;而完善的制度虽然不能让魔鬼变成天使,但是至少不让魔鬼去害人。"

中国古代相信"人性本善",树立了一大堆的圣人、大儒、楷模、榜样,让你去学习。之所以相信你能够学习,就是因为你的本性是"善"的。但是你如果不学习,怎么办呢?——没有办法。于是"好人受气"的现象就不断出现;"好人不长寿、坏人活千年"的活报剧就总是上演,一直演到了"我是流氓我怕谁"!

以德治国仅仅是以法治国的辅助,而且"法治"力度应该永远大于"德治"。"德治"是让你"不想干坏事",而"法治"是让你"不敢干坏事";只有先做到了"不敢干坏事",才能下一步考虑"不想干坏事"。这个顺序绝对不可以倒过来。

五、我心中的易中天

易中天在这篇文章的收尾处说："学术讨论的目的，不是比个高下，争个输赢，而是探明事理，启迪智慧。"我很为老易这句话感动。所以我认为，跟老易"唱反调"应该是学术上的"反调"，"唱"的目的也不是谁占上风，把对方踩死在脚底下。

可是无论媒体怎么卖力气，跟老易在学术上唱反调的人就是不出来——也许是不屑，也许是媒体请不动。而好容易出来一个吧，先是从"道德感"上打了一棍子，还没等人家弄清楚概念，又接着让人家下"十八层地狱"，这就不好办啦！

《说手》

手,字典的解释是,人体上肢的前端,可使用工具。准确地说,一些高级哺乳动物的上肢的前端,都可以叫做"手"。如果你看过松鼠吃山芋、猴子剥香蕉皮,你一定会感叹:这个被人类称之为"爪"的东西和我们的"手"能有多大的区别!

手,是人类进化的重要标志,同时也是人类进化的结果之一。人类直立起来后,绝大多数的劳动需要手来完成,使得人的手不同于他的近亲——类人猿、猩猩、猴子的"手"。除了掌纹清晰之外,最重要的区别是,人的大拇指可以和其它四个手指一一对应,这是人类长期抓握物体的结果。而工具的使用,又使得人的手比猴子猩猩们的"手"柔软多了。所以,以"相手"来判断一个人的职业、社会地位,不是一点道理没有的。

手有五指,各个不同。大拇指的最大特点不光是粗大,而是与其它

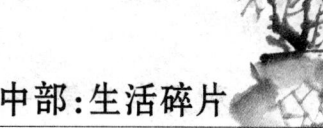

中部：生活碎片

四指相比，它只有一个关节。这是因为大拇指除了与其它四指配合外，单独"工作"的机会很少；即便单独"工作"，也多是傻大笨粗的力气活，比如摁图钉之类的。如果大拇指也是两个关节，那么在力度上将大打折扣，所以，它只进化出一个关节，如同憨厚的大哥一样，摆在那里。如果说大拇指是大哥的话，那么食指就是大姐。它最辛苦、最能干，也最灵巧，几乎手的主要作用，都是"大姐"在"大哥"的配合、支持下完成的。同时，和居家过日子一样，做大哥的憨厚不得罪人，而做大姐的就顾不了许多了，别说兄弟姐妹们做得不对可以开口数落，就是做父母的，有了不合适的地方，做大闺女的都可以批评。所以，"指指点点"这个词儿，实际说的是食指，不是别的手指头。小拇指如同父母的"老疙瘩"，养尊处优、正事不干，还讨父母的欢心。指甲留的细长、掏耳朵眼、搔头皮屑、剔牙齿缝，没了小拇指还真不行。

手，被称为人的第二张脸。一般说，手指细长、骨节狭小、肤色白皙者，多为"才子"之手；手掌绵厚、肤色红润者，多有"有福"之手。男人之

秋月杂文集——一个故事,两种婚姻

手最好宽大、厚实;女人之手最好小巧丰润,手背的四指根处有"窝儿",方为"有福"。无论男女,短小、粗硬之手均不好,但相对于女人,过于秀气的手形——所谓"十指尖尖有如春笋"——也不是好手:才华过人、心思缜密、感情丰富,就是这类手相,最后往往在情事上受伤害。

除了眼睛,最能传情达意的,大概就是手了。

关于手的情感电影,最值得看的是《剪刀手·爱德华》。爱德华是一个机器人,一个科学家没有制作完毕的半成品。他有着人的相貌、人的智慧、人的情感;但是因为没等制作完毕,他的主人——那个老科学家就去世了,所以爱德华的手呈剪刀形,不是人的手。后来,爱德华被收养。他恋爱了,因为没有手,他不能拥抱、更不能抚摸他心爱的姑娘,爱德华痛不欲生,不得不回到那个阴森的古堡中。

电影《色戒》对手的诠释也相当细腻成功,最可圈可点的是两处:一处,在日本的艺伎馆,王佳芝为易默成演唱歌曲《天涯歌女》,当易默成流泪时,王佳芝攥住了易默成的手……第二处,在去试戴钻戒的路上,易默成的手温情地搭在王佳芝的腰间……

手,传达着男女之间最微妙、最真实的感情,所以苏轼才说,"起来携素手,庭户无声,时有疏星渡河汉"。

中部:生活碎片

《李安的〈少年派〉究竟告诉了我们什么?》

　　李安的《少年派》是这样的一部影片:假如你是一个心性单纯、童心未泯的人,或者说你干脆就是一个10岁上下的孩子,你完全可以把它当做动画片、儿童片来看,钻石般晶莹剔透的大海、油画般的落日余晖,都会让你有美不胜收的感觉;但是,假如你是一位饱经沧桑的老者,是一位善于思考的哲人,你又能从中挖掘出很深很深的东西,而且无论你怎么挖掘、从哪个角度挖掘,你都会有所收获!这就不是一般意义上的优秀影片了!

　　"少年派"最大的主题应该是关于宗教的。

　　在东方国家里,印度是最纯粹的宗教国家,而中国则是最不纯粹的宗教国家,或者说中国就没有纯粹意义上的宗教信仰。那么,宗教究竟是什么？为什么汉文化中就没有产生真正意义上的宗教？

回顾一下宗教产生的地区，都是4000多年前外界条件相对艰苦的地区，比如中东、印度。那么，为什么宗教一定要产生在自然条件相对艰苦的地区呢？

今年夏天我去西藏，当地人反复告诉我们，西藏全民信教，不要做有违藏民信仰的事情。在我们看来一些"迷信"、"愚昧"甚至"恶心"的事情，在藏民心中却是非常圣神不可侵犯的，比如天葬，比如吞食达赖遗留的秽物等等。西藏的生活环境非常艰苦，即便是在21世纪的今天，我们都得承认，雪域西藏的生活环境仍然非常艰苦，那么，距今2200年前，这块土地上的先民过着何等原始、艰苦的生活，就可想而知了。在这样极其艰苦的自然环境下，怎么生活下去？在实在活不下去的时候，怎么给自己一个安慰？这时候，必须有一个绝对精神的东西支撑着他们，这个东西应该是宗教。可以这么说，宗教是我们的先民在荒蛮时代，在极其艰苦的远古，自己给自己"活下去"的一个力量，同时也是自己给自己"确实活不下去"的一个解释。而且，宗教只能产生于荒蛮时代，一旦脱离那个时代，宗教不会再产生。

相对于产生宗教的地区，在工业文明和信息文明远远没有到来的4000多年前，上帝实在是太"厚待"华夏这块土地了：肥沃的土壤和穿过华夏的数不清的大小河流，给了这块土地上的先民最容易的选择——种

中部：生活碎片

庄稼。农业文明是当时最为先进的文明，农业带给人们的是相对稳定、祥和和富庶的生活，我想这大概是汉民族一直没有产生真正意义上的宗教的原因之一吧。汉民族的宗教不是纯粹的宗教，是一种泛化意义上的信仰，看看中国人在神灵面前祈求什么，"菩萨保佑我今年生个儿子"，甚至"佛祖保佑我今年考上一本"，而绝对不是"上帝拯救我罪恶的灵魂吧"。

宗教的力量是不可替代的一种力量，就像影片中所说的，科学可以解决宇宙的问题，但是谁来解决我们的内心？宗教直面的是人类灵魂的问题，与其说人类的灵魂在上帝那里永恒，不如说上帝的精神在人类的灵魂中永恒，所以"就算没有上帝，也要创造出一个上帝来"，否则人类将无处安放自己的灵魂。从这个意义上说，没有纯粹意义上的宗教的汉民族，永远是精神上的荒魂野鬼！

我甚至认为，宗教还是政治制度的一个最大的保障，西方多党轮政的制度之所以能够推行600年，就是因为每一个人心中的最高统治者不是某一个政党的领袖，而是上帝，只有在上帝的框架下，才能让多个政党"你方唱罢我登场"，因为总体信仰不变，登台的政党不过是换个当家主事的掌柜，不过是换换主事的方式罢了。

影片中的"派"如果不是一个有神论者，能否坚持海上的227天，大可怀疑。

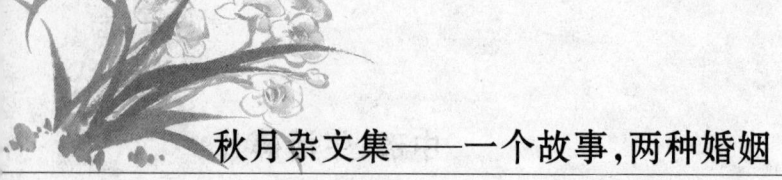

秋月杂文集——一个故事，两种婚姻

影片安排"派"是一个多神论者，而不是专一神的信奉者，我想这是作者的有意，他在告诉我们，神灵在人类精神生活中的重要，而不是哪一个神灵——上帝，安拉，还是释迦牟尼。

《少年派》告诉我们的第二个主题，是关于人类与动物关系的。

人类自古杀戮动物以果自己之腹，进入现代文明之后，保护动物的提法、动物是人类的朋友的观点越来越被大多数人所接受。但是《少年派》却告诉我们，动物就是动物，动物不是人类的朋友。在这里，我认为"动物不是人类的朋友"这一观点更准确。"派"终于登上了陆地，看见了森林，此时的老虎头也不回的走了，"派"自作多情的认为，它一定会对自己有所表示，哪怕回一下头，但实际上老虎头也不回的走进了森林，"派"哭成了泪人。但是我们不能不佩服作者的这个结局，假如某个动物真的和人有过患难与共的经历，那么这个经历过后，动物所选择的也一定是"头也不回"的该去哪去哪，这不仅更加接近真实，而且对动物更有好处。

这使我想起了另一部片子，叫《人猿泰山》，在影片的结尾，那位来自伦敦、爱上了泰山的英国小姐毅然决然的留在了森林，与泰山过起了人猿生活。其实，这只不过是人类过于天真的一个想象罢了，事实上，无论是英国小姐留在森林，还是泰山跟随小姐回到英国，都不是最好的选择，最好的选择应该是，泰山回到森林，小姐回到伦敦，该是谁的交还给

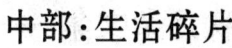

中部：生活碎片

谁——这才既符合人性又符合兽性。

影片最后，"派"面对狐疑满怀的那两个日本人，讲述了完全不同的另一个故事，那就是登上救生船的根本不是自己和老虎、土狼、斑马和猩猩，而是自己和母亲、水手、厨子。听完第二个故事，再回顾第一个故事中种种的不合逻辑之处，才明白，第二个故事才是真实的故事——这个少年是凭借吃自己同类的尸体活过了227天，试想想，那个老虎为什么最后才从船舱冲出来？单看孤岛上的某一个狐獴，它是多么的可爱，而一旦满岛都是狐獴，你不觉得有一种毛骨悚然的恶心么？还有，在现在社会中还会有那种发现不了的岛屿么？这不是哥伦布的年代。第一个故事中的处处疑点，实际在暗示你，第二个故事才是真实的！问题是作者为什么不讲第二个故事？为什么把不是事实的第一个故事讲的那么美又那么长的篇幅？

我想是不是这样，在面对极端环境时，比如海难，人更多的是回归到了"兽"的那部分的本性，也就难免恶心甚至残忍，而这些是可以想象的，又是可以理解的。我记得在1976年大地震时，就有一位获救者凭借着一盆洗脚水活过了20多天，那么在那20天里，他是不是也吃过擦身而过的老鼠呢？如果是，又有什么不可原谅和理解的呢！既然可以想象又可以理解，那又何必要展示呢？难得的是，放弃第二个而讲述第一个故事，在这里，李安为我们传达了一种美好，一种正能量，而不是"洒狗血"。

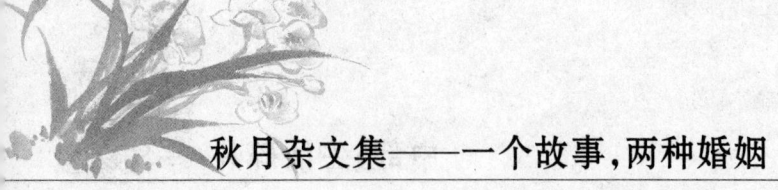

秋月杂文集——一个故事，两种婚姻

作为华人，李安温和而敦厚的儒家风范让全世界叹为观止。

李安是华人，但是因为生活的文化圈子不同，李安所展示的世界和展示的方法迥异于大陆导演，使我们感到汗颜甚至绝望了。当大陆导演紧皱眉头要揭示什么"人性"的时候，其实最后我们发现，揭示的那点道理，甚至都不如街头大妈的口头禅。

中国人有三大"心理情结"，一个是诺贝尔，一个是奥斯卡，一个是足球世界杯。莫言的获奖解决了第一个"情结"，第三个遥遥无期，与世界电影同步诞生的中国电影，你何时才能走进世界的殿堂？

中部:生活碎片

《一台缝纫机》

弟媳终于想通了,关闭了她那间经营了十年却毫无起色的服装店,安心地做起了全职太太,这样,从父亲家搬走的缝纫机也就派不上用场了。弟媳说卖掉,我说别,拉我家去。

这台缝纫机是我父母1966年买来的。当时文化大革命已经全面爆发,民生凋敝,物资乏匮,日常生活用品,哪怕是一包价值2分钱的火柴,也需要凭"票证"购买。而像手表、自行车、缝纫机这种所谓的"三大件",连凭"票证"都购买不到,需要一种叫"工业券"的东西。而"工业券"也不是哪个单位都有,得市工业局下发,每个单位一年也不一定轮上几张。1966年,我弟弟1岁,我3岁,家里多了两张嘴,手工缝制衣服根本赶不过来。母亲拼死拼活的干了一年,年底弄了个先进,于是分得了一张宝贵的"工业券"。

秋月杂文集——一个故事，两种婚姻

"工业券"弄来了，新的问题接踵而至——钱！没有钱呐，一台缝纫机一百多元，对于一个月收入只有85元的工人家庭，几乎就是天文数字了。只好去借，

这家5元，那家10元，加上可怜的存款，总算凑齐了。

接下来的问题是"排队"。有了"工业券"有了钱，也不等于能买得到，因为每次能卖出的缝纫机的台数是极其有限的，你还得半夜起来到百货大楼去领号，去晚了领不到号也是阴天晒被子——白搭！到了卖缝纫机的那天，父母从半夜三点就轮流去排队等着领号，无奈，先是把3岁的我送到姥姥家，再把我的奶奶接过来照看1岁的弟弟。终于，这台上海出产的"蜜蜂牌"缝纫机才成为我们家庭中重要的成员之一。

我母亲的生母早年去世，她是后母带大的。我的这个"后姥姥"极其疼爱这个继女，所以，我姨妈是粗活细活都会干，而我母亲却是什么也不会。母亲和父亲结婚后也试图学些女红，但是，用我父亲的话说，"别人拿着织毛衣的棒针那是棒针，你妈拿着，就像房檩似的"，"你妈锁的那叫

中部：生活碎片

扣子眼儿吗？跟烂眼边儿似的"，母亲彻底灰心不干了。好在我奶奶手很巧，所以，女人该干的活计都是奶奶完成。但是，按制图裁剪衣服、用缝纫机轧衣服这活，我奶奶显然干不来，于是，我父亲"走马上任"。父亲是学数学的，几何自然也很好，他先是按照服装书上介绍的方法，把样子裁剪到报纸上，然后再把裁好的报纸的样子划在衣料上，最后用缝纫机缝制。

上初二的一天，我站在正在轧衣服的父亲身边，出神地看着他……父亲头也不抬，说："你喜欢这个？"我说："嗯！"于是父亲开始教我踩缝纫机。

父亲先教的是轧鞋垫。父亲说，鞋垫极其难轧，因为需要不停的转一个又一个的不规则的圆圈，而且每一个圆圈的间距还得一样宽窄，所以很锻炼"手劲儿"，"你把鞋垫轧好了，直线不用眼睛看着，也轧得直"。不久我开始正式轧衣服。父亲先教给我的是"上袖子"。因为袖子和袖笼都是椭圆形，衣料斜着裁剪，有很大的伸缩性，上不好，不是多出一块儿，就是紧巴一块儿。我记得用了一个礼拜的时间，拆了轧轧了拆，我终于把一对袖子上好了。后来我明白了父亲的意思，干什么事情从最难的地方干起，最难的都能干，最容易的地方自然不在话下。这也就养成了我思考问题的习惯：我一般是把一件事情最坏的结果想出来，然后再考虑对付这个最坏结果的办法——最坏的结果都有办法对付，其他的自然

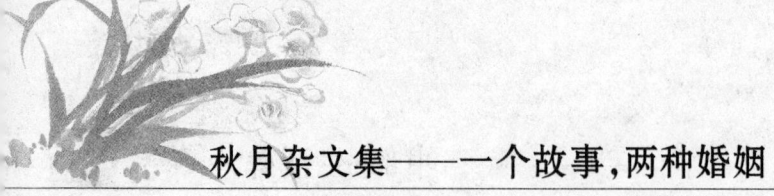

秋月杂文集——一个故事,两种婚姻

不放在心上了。

仅用了一年多的时间,我就学会了裁剪、缝制,后来又比父亲多了两项:绣花和设计。我发现我继承了我奶奶手巧的基因,于是信心大增,几年内,我学会了织毛衣、用钩针钩窗帘、绱鞋,我最最遗憾的是,没有学会盘中服上的"疙瘩袢儿",因为我奶奶不会,而会这个活计的姥姥却早早去世了。从初二到高二考大学(我没有上高三),我几乎学会了一个传统妇女应该会的所有女红,但是它们没有影响我念书,而且是念闲书;更没有影响我考大学,而且是考重点大学。所以看到现在的孩子们只管念书,连扫地都不会,我就怀疑这书能念成个什么"德行"!

这台缝纫机从平房到楼房、从父亲家到弟弟家,再从弟弟家到我家,前后搬家五次,但是没有走形,更没有散架。上一次油可以用一年,脚踏板踩上去,瞬间起速;轮带转起来,没有任何杂音。它尽职尽责地工作了41年,仍像当年它出厂时一样的"忠诚"……

缝纫机是弟弟拉回来的,他和小我7岁的妹妹都曾经穿过我做的衣服,看着机器,弟弟感慨地说:"你说哈,过去也没有什么奖金,更没有什么企业管理制度,这工人们怎么就这么认真地干活呢?"保姆说:"都照这么结实,东西没个坏,卖给谁去?"父亲接言道:"现在的桥梁也没有听说卖给谁呀,怎么就坏啦?"

是啊,这坏与不坏之间,究竟"坏"了什么呢?

下部：

感悟时事

下部：感悟时事

《他可以"缺德"，你不可以违法》

最近青岛发生了一件新鲜事，一个怀孕九个月的孕妇，早上乘公共汽车上班，一路行来居然没有一个人给她让座。一怒之下，孕妇掏出可以拍照的手机，给挨她最近却始终不肯让座的三个男青年拍了照片，并以"月影之爱"的网名传到了网上。

这个事件涉及了两个问题：一是以违法干涉"缺德"的问题，一是道德的层次划分问题。在我看来，后者的问题应该更大一些。

历来国人就有这样的思维，对于不遵守社会道德的行为，不是从社会机制、个人素养、宗教信仰上去寻找解决途径，而是以"惩戒"的方式逼迫人们就犯于道德，而且这种思维模式还"深入人心"，表现在具体做法上就是，一旦出现"缺德"事件，就以"惩戒"制裁。"月影之爱"的做法不是首例。超市中抓到小偷，掀衣搜身之后，极尽言语侮辱之能事；做妻子的抓住丈夫的"小蜜",以"游街示众"来惩罚,观看者拍手称快、认为"活该"的不在少数;甚至出现了偷电动车的小偷已经放弃了偷盗,被逼跳到河里,众人以竹竿击打,不允许其上岸,最后溺死的惨剧。

维护社会道德需要必要的惩戒,但惩戒不能触犯法律的底线,也就是说,他可以"缺德",你不可以违法。更何况,惩戒从来就不是提高道德的根本途径,一个社会文明程度的高低,是所有国民的个人素质和宗教信仰的综合结果,绝非一两个惩戒可以解决。

相对于第一个问题,第二个问题更加麻烦,就是关于道德的层次划分问题。我们一说起道德,就用"美德"誉之,实际这是个混淆的概念,道德应该划分为"公德"和"私德"两个部分。何谓"公德"?就是一个人必须遵守的社会道德规范,你如果不遵守会使他人受损——比如公车上不许吸烟,电梯里不要放屁;何谓"私德"?就是一个人可以遵守也可以不遵守的道德规范,你如果遵守了会使他人受益——比如让座。公车上吸烟、电梯里放屁,会让别人不舒服,你不能这么做——这叫"公德";乘车让座会让别人受益,至少不会因为你的行为直接造成他的不舒服,你可以不这样做——这叫"私德"。"公德"必须遵守,"私德"完全自愿!我国是一个有着漫长的非法治历史的封建国家,"私德"要求过高而"公德"往往忽略不计。如果我们现在还把"公德""私德"混淆一起,统统以

下部：感悟时事

"美德"誉之，其结果反而会使社会的公德意识下降。

所以，以违法惩戒"公德"缺失是错误的，以违法惩处"私德"缺失就更不对了。

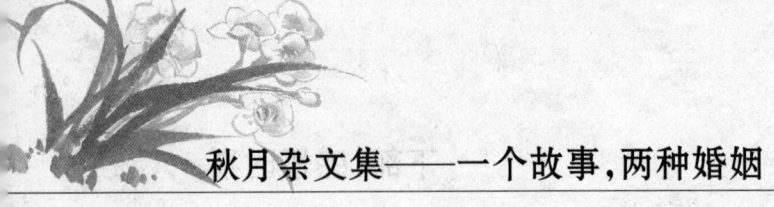

《从"损己利人"与"损人利己"质疑刘玉莲》

人的行为结果,如果按照于人、于己、有利、有损来组合,可以有四种情况:利人利己、损人损己、损己利人、损人利己。

"利人利己"当然是最好的结果,"损人损己"当然是最坏的结果,正因为这两种情况是极端的,所以我们不讨论,我们只说"损己利人"和"损人利己"。

我们这个国度一向崇尚"损己利人",就是牺牲自己的利益去帮助别人、成全别人,我们把这种人树为楷模、榜样、标兵,号召大家向他们学习。而相反的情况——"损人利己"则为大家所不齿、所唾弃。但是,按照社会学来说,每一个人都不是孤立的,一个人对于自己来说是"己",对于他人来说又是"人";同一件事,如果对于他本人来说"损己利人"了,那么对于别人就成了"损人利己"。举个例子,张三牺牲了自己的利益去

下部:感悟时事

帮助李四,对于张三来说是"损己利人",但是对于接受张三帮助的李四来说,又是"损人利己"。当然这里有一个主动与被动的问题,但是从行为结果来说是这样的。那么我们就会得到一个难以置信的公式:"损己利人"="损人利己",所以每出现一个"损己利人"的道德楷模,就会出现一批"损人利己"的接受者,虽然他们是被动的。

道德楷模刘玉莲的事迹就印证了这个公式。如果仅从刘玉莲的业绩看,没有更出色的地方:当乡村医生41年,医治患者30余万人次。医生的职责就是医治患者,就全国范围说,医治患者不少于30万的老医生大有人在,但是刘玉莲之所以被评为道德模范是因为她这样的"感人"事迹:"(她)将女儿绑在家中,自己为村民看病,女儿生病致死……"根据采访我们知道,刘玉莲的女儿病死时才11个月,死因就是因为刘玉莲不管,不管的原因又是"要出去给别人治病";而且在此前因为给人治病,她已经夭折了三个孩子,在女儿病死之后,她的儿子也是从五个月大被绑到二岁,发烧40度,差点死掉。刘玉莲牺牲了自己的利益(孩子)而帮助了病人,但从病人的角度说,他们获得了利益(治好了病)而损害了刘玉莲的利益——虽然他们不是故意的。

那么,"损己利人"是否就不应该提倡不应该赞美呢?绝不是!当帮助别人的人与被帮助者处于地位不对等的时候,"损己利人"不仅是可行的,而且是必要的,比如强者对于弱者,比如年轻人对于老年人。天津工

秋月杂文集——一个故事,两种婚姻

业大学的徐伟,在严冬腊月里跳进冰窟救出三个失足落水的初中生,就属于这种情况:一方是13岁的孩子,一方是21岁的壮小伙;一方是掉到冰窟里且不识水性随时有生命危险,一方在岸上而且会游泳。只有在这种不对等的情况下,舍己救人才能成为大家公认的、值得学习的高尚行为,否则这个世界就太冷漠了。而刘玉莲遭到广泛质疑,问题恰恰在此。病人是弱者,生病的孩子更是弱者,在双方没有地位不对等的情况下,"损己利人"就等于"损人利己"。更何况,刘玉莲损害的不是一般意义上的"自身利益",而是活生生的生命,在我们提倡人权、尊重生命的今天,刘玉莲被推举为道德楷模,不足以服众!

任何时代任何社会都需要楷模,但是,如果我们推举出来的楷模不是"人"的标准而是无法仿效、不被认可的"神"的标准,百姓不信、不屑、不学,这种推举和赞美就没有意义。

下部：感悟时事

《做好事，需要不需要有个前提？》

世界之大，无奇不有。但是因为做好事而挨了打，还是头一回听说，请看下面的转载。

快报讯（记者顾元森），"只因说了一句口头语，竟然挨了一个耳光"。昨天下午，20多岁的女大学生张某（化名）很懊恼："我在公交车上让座，哪会想到会被打呀！"

知情者告诉记者，昨天下午3点多，一名70岁左右的老人在南京晓庄广场上了一辆公交车，此时张某已经坐在车内，看到老人站在身旁，张某让出座位，"你坐这里吧。"可老人的回答让张某有些想不到："没事，我身体硬朗得很呢，我就站一站，反正没几站路。"可能是觉得自己的好心应该得到"实现"，张某再次恳求老人坐下，又被老人拒绝。张某看到自己遇到了一个犟老头，感觉自己在一车乘客面前有些下不了台，于是说

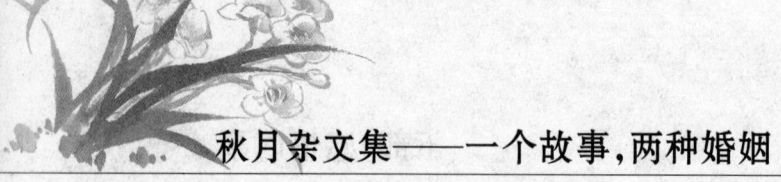

秋月杂文集——一个故事,两种婚姻

了一句:"你剽我呀(编辑注:江苏南京一带方言,即"你耍我"的意思)!"让张某没想到的是,老人突然扬起手来,抬手就给了张某一个耳光,这不单把张某一下子打懵了,也让全车乘客目瞪口呆。

老人指着张某说:"我活了70岁,一辈子清清白白,还从来没有人说我嫖过呢!"老人这个耳光打得不轻,张某的嘴里流出了血,望着激动的老人,张某感觉很冤枉:"我只是说了一句口头语,也不是你说的这个嫖呀!我不是骂你呀!"

双方发生争执后,张某坚持要到医院去,老人倒也不推脱,陪张某一起来到了医院。经医生检查,张某有一颗牙已经被打松动,伤势并无大碍。老人掏出了200元给了张某,但老人拒绝道歉,很显然,在他看来,张某的说法仍然不能说服自己。(原载:快报网-《现代快报》)

可能是这个事件远远超出了人们能理解的范围,一时间网上的评论五花八门,要多"八卦"有多"八卦"。有的骂那个女学生,"活该!看你以后还让不让座!"也有的骂那个老大爷,"不识好歹的老不死,白活了!"还有的提出"接受年轻人让座是老年人的义务"这样可笑的说法。

我倒是觉得这个老大爷除了脾气过于暴躁外,没什么太大的不妥之处。哦,当然,打人是绝对错误的。

事情的转折点在于女学生的那句话"你剽我呀",被老人误听成"你嫖我呀"的意思。这个年龄的老人,一般年轻时接受的是上个世纪50年

下部：感悟时事

代的正统教育,把自己的清白(主要是性关系的清白)看得比较重,对目前社会上的"嫖"的行为很是看不惯,你说他"嫖",他当然勃然大怒了。

但是那个女学生辩解"我剽你"的"剽"不是"嫖",是"耍弄"的意思,意为"你耍我呀",也不是站得住脚。说老实话,老人丝毫没有"耍弄"女学生的意思。如果老人说"你站起来我坐下",等女学生站起来了老人又说"哈哈,我逗你玩儿呢",这是耍弄你,但是从头至尾老人没有这样的话语和举动。所以,最后老人可以陪着女学生上医院,也肯垫付医药费,但是拒绝了道歉。

这件事使我们思考一个问题:做好事需要不需要有个前提?

在我们的传统道德中,不缺少"相濡以沫"的关怀,也不缺少把别人的事当作自己的事去忙活的"热心人",但是我们的文化中缺少西方文化的一个重要组成部分,就是"尊重别人的意愿"。

在西方,一些老年人特别是老年妇女,非常忌讳别人的"帮忙"。如果你不经她同意帮她拎东西、搀她过马路,或在公共汽车上给她让座,她会生气,会拒绝。因为需要别人帮忙是"我老了"的标志。而西方人更不会在别人已经明确拒绝帮助的情况下去"做好事",因为那样做是违背别人的意愿,是对对方的不尊重;而不尊重对方也就是不尊重自己。

在中国,我们多年以来一直提倡"做好事",但是忽略了"被做好事"的人有不接受你"做好事"的权利。当对方提出或者接受你的"做好事",你只管把"好事"做下去;当对方不需要或者不接受你的"好事",你就应该把"好事"终止。强迫别人接受你的"做好事",是对人家极大的不尊重。

比如,有人去探望病人,最好事先与病人打招呼。如果病人不同意,就不要强行看望。因为现代职场中的人们比较注重自己的"外在形象",而生病时的形象估计是要大打折扣的,这个时候你不经人同意去看望人家,就等于逼迫人家把自己最不希望别人看见的形象展露出来,岂不是对人家的不尊重?也显示了你的"不懂规矩"。去家里拜访也是如此,不要把婉言谢绝当做"客气"。现代社会中的人们,家庭关系日益复杂,不都是过去的一夫一妻几个孩儿,也许家中就有不方便被你看见的人,你非要去拜访,等于逼迫人家交代自己的隐私。

这样一想,倒是那个好心的女学生的不是了:无论出于什么原因,反正那个老大爷是不打算接受你的让座,你只管坐下就可以了;充其量多客气两句,犯不上恼羞成怒,说出"你剿我呀"这样没意思的话来——当然,大爷误会了打你,也绝对是错误的。

令人尴尬的是,我们现在的公共汽车上"让座"行为不是太多,而是太少。政府正在大力提倡"给老幼病残让座位",可是冒出"让座挨打"这档子事来,让人有点左右为难。所以我认为,在宏扬传统道德的同时,也应该大力宣传现代文明,比如尊重别人的意愿。而后者,我以为更加

下部：感悟时事

重要。

两千年前,庄子曾经给他的学生讲过一个故事,说大河干枯了,鱼儿都趴在了河底,奄奄一息。这时候母鱼就用唾沫沾湿公鱼,公鱼也用唾沫沾湿母鱼,苟延残喘。庄子问学生,"你们说这样做好还是不好?"学生一致回答"好啊!相濡以沫嘛。"庄子回答说,"错!相濡以沫是在大河干枯的时候,鱼儿与鱼儿真正的关系不应该是相濡以沫,是应该在江河陡涨的时候,相忘于江湖!"

其实,现代社会的人与人的关系,更多的应该是"相忘于江湖",而不应该是过分的"相濡以沫"。当别人需要并接受我们的帮助时,我们应该不要回报的援手相助;当别人不需要不接受我们的帮助时,我们还是"相忘于江湖"的好。

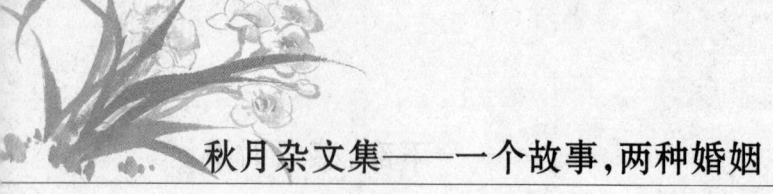

秋月杂文集——一个故事,两种婚姻

《从广东小悦悦事件说起……》

西方有一个很有名的故事,说一个女人在行淫时被人捉住,被带到了上帝面前,大家要求上帝惩罚这个淫荡的女人,上帝在地上划着十字,说,你们中间谁没有干过错事,就用石头砸她吧。众人犹豫着,一个个慢慢后退,走了。上帝站起来,对那女人说,没有人责怪你什么,你走吧。

广东佛山的小悦悦已经离开这个世界了,网络上的谴责依然汹汹,但是,在父母、肇事者、路人三者之间,我们显然弄错了谴责的对象。

抛开肇事逃跑的司机不说,最应该受到谴责的是小悦悦的父母。

因为道理再简单不过了,路人终究是路人,他们没有保护别人的孩子的义务;能够看管自己孩子的唯有父母。事发时,小悦悦的父母忙于做生意,监控镜头显示,小悦悦已经离家百米以外,自己走到了车水马龙的路段上,直到被撞倒,被拾荒阿婆救起后的6.5分钟她的父母才赶到,

下部：感悟时事

在国外,这已经够上判刑的标准了。

相信到过美国的中国人都对美国政府动不动就要把孩子从亲生父母身边带走而胆战心惊,从而对监管自己的孩子不敢有丝毫懈怠。西方的法律规定,不得让不满12岁的儿童脱离监护独处,否则负法律责任。曾经有一对瑞典夫妇带着孩子去美国旅行,途中想歇歇脚,喝杯咖啡。可能是觉得咖啡馆里的空气不好,于是将婴儿放在婴儿车里,留在橱窗外,隔着玻璃窗看护孩子,结果被逮捕并被剥夺监护权。一个意大利父亲在瑞典当街将孩子按倒在地上"教训一番",结果被判监禁六个月。

在中国,做父母简直太容易了,不管把自己孩子养成什么样,都没有政府来干涉,法律也不会拿他们怎么样。不久前湖南有个1岁8个月大的小女孩被人发现时,已伴随去世的奶奶尸体7天,身上爬满蛆虫。如果我们的法律没办法将这样不负责任的父母送上法庭,那么就不可能避免悲剧的重演,而我们也只能去徒劳的谴责无辜的路人。

再返回头来说说我们对路人的谴责。我们谴责那18位冷漠的路人什么呢?无非是"道德滑坡",等等。但是,在谴责之前有没有问过自己,有什么证据来证明自己在场时绝对援手?有什么资格将自己与那18位路人划到两个阵营?且别说我们没有任何的资格、理由、证据来证明自己与那18个人大相径庭,就算是我们以前做过"路见不平拔刀相助"的好事,或者再退一步说,干脆我们就是那位拾荒阿婆,我们都没有资格谴

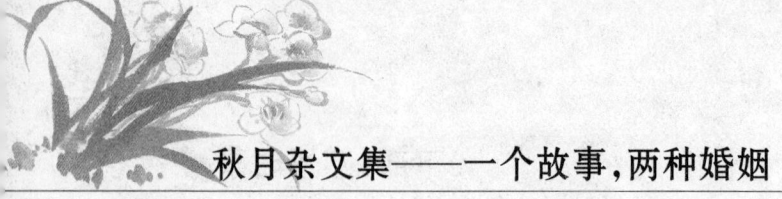

责别人的"不道德",因为用"不道德"这样的理由来谴责别人,本身就是最大的不道德了!能够谴责人类的,只有上帝。因为人类身上存在的种种"缺德",是人类这个物种所共有的,谁也不能证明自己是有别于人类的另外一个物种,就像开头说的那个西方故事一样。

健全法律和反躬自己,才是避免小悦悦事件再次上演的关键。

下部：感悟时事

《记者，你有什么权利测试我的素质？》

前几天，某奥运协办城市的电视台作了这么一档节目：为迎接奥运，"测试"一下市民的素质，以便有的放矢地提高、培养。具体方法是，记者化装成报贩，在闹市街口卖报，凡来买报者都多找他5角钱。隐藏在暗处的摄像机秘密拍摄。"测试"结果分三类：第一类，接过钱看也不看，放进口袋就走；第二类，发现多找钱了，眼神慌乱、表情紧张，或迟疑或匆忙地走掉了；第三类，把多找的钱退了回来。凡是退钱的，记者便告知其原委，并且送一个福娃表示奖励。一个小时之内，只有三个人退钱，记者对市民的素质"深表忧虑"。

这是一则把人气乐了的节目。

先说为什么可乐。

天津相声名家马志明说过一个小段，叫《三轮车》。说主雇交易之前，先得讨价还价，车夫恨不得多要钱，雇主恨不得少给钱，这才合情合理。如果反过来，就不合情理，还可乐。车夫说"您给三块钱吧"，雇主说"三块哪够给五块"；车夫说"别客气给一块吧"，雇主说"大热天的一块还叫钱哪给八块"；车夫说"干脆您白坐我不要钱"，雇主说"得嘞给您十块我自己跑着去"。

显然这是夸张，生活中没这么干的。但是它说明一个道理：人，都有趋利避害的欲望，在没有坑害他人、合理合法的前提下，都有将个人利益最大化的本能。违背这种本能反而可笑，这不是见钱眼开，也与素质无涉。在国外也有过这类"测试"，美国《读者文摘》杂志将960部手机放置在32座城市的繁华街口，结果68%的手机有去无回。捡到手机也好，被多找钱了也好，并不是我的主动和故意，我可以选择退还，也可以选择据为己有。这充其量是道德觉悟的高低，与素质关系不大。

再说为什么可气。

退一步说，如果非得以"多找钱"的方式来测试素质的话，得出"素质不高"的结论也不能算错！但是这个"素质不高"不在于多找了钱不还回来，而在于另外两个方面：

其一，作为记者，你有什么权力用这种方式"考验"市民？美国《读者文摘》的测试是将手机"遗忘"在闹市街口，没有将手机偷偷塞进市民的口袋里。我们倒好，愣往人家手里塞钱，看你退不退，不退就是"素质不

下部：感悟时事

高",这不是害人吗?!而且还在电视台播放,把多拿钱的市民慌乱的眼神、紧张的表情展示给观众,分明是对别人的不尊重。由此看来,记者的素质真让人"深表忧虑"。

其二,凡是退回钱的人,在被告知真相后,只是笑笑,接受了奖品福娃,离去了。没有一个人反过来质问记者,你有什么权力、有什么资格这样"考验"我?你这不是拿我找乐儿吗?——这才是一种素质,一种维护自己权益和尊严的素质,可惜,我们没有这种素质。

看来,对我们的素质"深表忧虑"不是妄言啊。

《由"宁做三奶不嫁穷人"而想到的……》

网上有个《宁做三奶不嫁穷人》的帖子,但是没有仔细看,得知其支持率高达75%,想了很多。就我个人讲,我更相信发这个帖子的女孩是一时的泄愤,后来也证明她确实是一时泄愤,因为她又发了后悔的帖子。但是我认为她是一时泄愤还不是因为她的后悔,而是——当二奶也好三奶也好,那是需要相当的心计和资本的,不是谁想当就当得上的。如果真有那个心计,能这样大呼小叫的吗?

但是我想的还不是这些。

首先,一个女大学生能够发这样的帖子,这样的帖子居然得到了75%的支持和同情,足见我们这个社会贫富分化和由贫富极度不均导致的堕落已经到了何等严重的地步。社会的堕落可能是多种原因造成的,但是最不可能造成社会堕落的恰恰是穷人,也就是说,穷人不是导致社

下部：感悟时事

会堕落的根本原因,相反,他们倒是社会堕落的最直接的受害者,他们在为社会的堕落"买单"。这是因为,在社会堕落的时候,较之富人,穷人更不具备抵抗这种堕落的资本。比如,一个下岗女工的社会保障金只有

200元,而这个女工如果肯于委身一个当权者,她就可以由下岗变为上岗,而上岗的工资是2000元,那么,一个一贫如洗的家庭和一个家境殷实的家庭,哪一个能够抵抗这种堕落?所以,我们与其责怪这个女大学生的不知廉耻,还不如问责我们这个贫富不均的社会,我想这也是75%的人支持同情这个女大学生的根本原因——这是第一点。

第二点,有些人说,你干吗要选择堕落,你可以继续努力呀,比如考上硕士博士等等。我们一直认为这种"励志"的话是正确的,殊不知这种话本身是错误的,至少是不完全正确的。如果一个社会的公民只有成为"人上人"才可以过上好日子,那么这个社会本身就不是一个正常的社会,因为每个人的才智、能力、机会是不一样的,不是每一个人都可以成

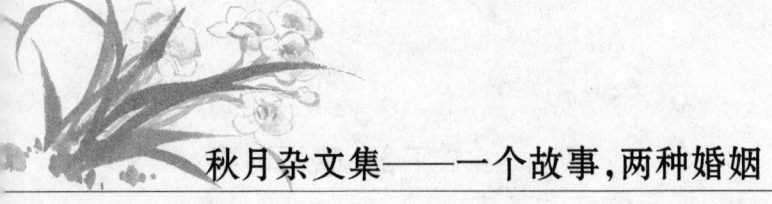

为"人中之龙"、"人中之凤"的,公平的社会应该大面积的保证"人下人"过上最最基本的好日子,而不是相反。如果只有成为"人上人"才能过上好日子,那么就会有一大批人为了成为"人上人"而不择手段,更可怕的是,这些成为"人上人"的新贵们,还会同情那些处于底层的"人下人"么?

第三点,"宁做三奶不嫁穷人"这句话很值得玩味还在于,这是一个穷到底儿了的女人的话,那么想过没有,同样穷到底儿男人又该怎么办呢?由于个人的原因,我接触过不少这样的大男孩,他们的年龄在27-35之间,由小地方来到大城市,具有了学士硕士的学位,也有了不算太坏的工作,但是凭他们的力量,在短时期内甚至穷其一生是买不起房子、买不起汽车、存不上可观的存款的。穷到底儿的女人终于"觉醒"了,明白"宁做三奶不嫁穷人"了,就把同样穷到底儿的男人"压"在了社会更底层。

改革开放近40年,我们取得了巨大的成功,社会积累了巨大的财富,但同时,也积累了很多问题。其中最大的问题就是贪腐。贪官的资产动辄过亿万,许多下层百姓还不是很富有,加之放松了对道德的教育。说出来"宁做三奶不嫁穷人"不是最可怕的,最可怕的是还有一些同情者和做了不说的女人们。

下部：感悟时事

《是不是人才,与那个球洞无关》

上周二的西南大学2007届毕业生招聘会又爆出"猛料":一家名为"红鼎"高尔夫球会的单位现场抛出72个职位,其中高尔夫球童一职颇为惹人注目,尽管月薪仅有700元,而且仅限相貌端正的女生,但还是有近百名女大学生前来应聘(见11月26日《重庆晨报》)。

消息一出,议论一片。有的感慨现在的就业实在难,把孩子们快逼疯了;有的夸赞这是观念的转变,可喜可贺;有的怀疑招聘单位只要女生且要求"相貌端正"是居心险恶;有的斥责应聘的女学生醉翁之意不在酒,在乎成功人士也,好结识名人,"老大嫁作商人妇",等等。我个人倒觉得过于上纲上线了。

第一,不要把所谓的"女大学生"想像得多么娇贵、高贵,也没有不要把她们想像得都是未来的女学者、女知识分子。随着近几年大学的扩

秋月杂文集——一个故事，两种婚姻

招、转轨、合并，技校改职专、职专改学院、学院改大学、大学招"三本"，大中城市的大学入学率已经达到或接近70%，大学生早已经不是二十年前"精英"的概念了。大学的课程安排也"简易化"：一年级的计算机、高等数学、英语、政治、法律、思想品德之类的课程几乎占去了一多半时间，四年级下学期不再安排课程，完全"轮空"，用于学生找工作和准备考研，大学四年等于两年半——这样的教育又能培养出多少学者来呢？在我看来，现在的大学生无论是心理成熟程度还是个人学养，比过去的高中生强不到哪儿去，所以，应聘这样的职位也不为过分。更何况，据内行人士介绍，高尔夫球童这一工作实际的技术含量并不低呢，一个好的球童几乎是一个初级教练的水平了。退一步说，真正是未来女学者的苗子，自然不会选择至少不会永远满足这一职位的。

第二，不要动辄"蝴蝶效应"，联想过于丰富。女大学生应聘高尔夫球童，于是乎就有人联想起前几年的北大中文才子卖肉，学医的白衣天使串糖葫芦等等，认为斯文扫地，国运堪忧了。其实，且不说在国外，本科生毕业干什么的都有，就是在中国目前形势下，北大才子如果能把肉卖下去、白衣天使能把糖葫芦串下去，而且能干出些名堂来，恰恰说明他具有干这一项工作的天资。同样，高尔夫球童如果真的塌心干下去且干得不错，也说明她适合这项工作，有什么可厚非的呢？

第三，认为女学生应聘这项工作是醉翁之意不在酒，目的是结识成

下部:感悟时事

功人士,把自己嫁出去,这种说法我以为又是妄加猜测,且没有道理。首先,成功人士就一定是坏人么?不见得吧?再说,如果一个年轻漂亮的女大学生,就把"嫁一个有钱人"当作自己的目标,并且合情、合法地实现着这一目标,这又能是多大的错误?难道只有受苦、受穷才体现人的高贵和清白?最后,不排除有的女学生以出卖姿色加入"二奶预备军",但是,也不能与高尔夫球童这项工作构成必然联系。因为,她们如果有这个心思,机会多得很,不在于一个球童的位置。

一句话,那个球洞"漏"下去的,未必不是人才;不屑于那个球洞的,未必就一定是人才。

秋月杂文集——一个故事,两种婚姻

《话说那些忽悠人的高考题》

儿子是理科生,今年高考,说实话我不怎么管他,"二模"刚过,成绩还行,语文尤好,居然得了134分(满分150)。如果不是作文跑题了,应该到138分。我问为什么跑题,他说不知写什么好;我说题目是什么呢?他说叫做"自由与坚守"。我的天,这样深奥的哲学性题目,把我们孩子当成苏格拉底了吧?

作文是高考中分值最大的一道题,60分,且阅卷的灵活性极大。可就是这道题,我们总是出不好。最容易犯的毛病就是"哲学化"。比如那年的全国卷,一位母亲带着一对双胞胎姊妹逛花园,一会儿,姐姐愁眉苦脸的回来了,说这个花园不好,每一朵花的后面都有一颗刺。又一会儿,妹妹兴高采烈的回来了,说这个花园真好,每一颗刺的后面都有一朵花。让学生就这个问题写一篇文章。且不说这对姊妹有年龄多大、能否说出

下部：感悟时事

这么有哲理的话来,就算是早慧的孩子,这种题目也不是每个学生都写得出来的。

但是"哲学风"不减,刚过的天津模拟如此,北京也是这样,"'一枝独秀'固然动人,似乎不及万紫千红美丽;'独当一面'诚然神勇,似乎不如众志成城牢固。人们需要团结合作,却也似乎离不开'独处';世界需要沟通交融,却也少不得'特立独行'。'花间一壶酒'是寂寞,也是自在;'举世混浊而我独清'是高风亮节,又何尝不是悲怆……"让学生就"独"与"不独"写篇作文。看这意思,不把学生培养成老庄转世不算成功!

除了哲学风格的,还有一类就是"道德风格"的,始作俑者还是全国卷,一个登山爱好者,在下山途中遇到暴风雪,他必须尽快下山。但是在回去的途中,看见雪地里有一个冻僵的人,救还是不救？救,自己和他都可能冻死;不救,这个冻僵的人必死无疑。遇到这类作文题目,真不知是考道德还是考语文。如果考生就写"不救",不知能否得分。据说网上流传着一份"0分作文",题目叫《母语》,该生历数"文化革命"对汉语言的糟改,言之凿凿、痛快淋漓,但是,0分！

从2006年开始,国家教委强调"诗化语文",说现在的社会太功利了,必须给学生以"诗意的教育",于是乎,转年的作文真是"诗"得可以啦!安徽卷的题目是《提篮春光见妈妈》,山东卷的题目是《时间不会使

秋月杂文集——一个故事,两种婚姻

记忆风化》,浙江卷是《行走在消逝中》,唯独天津人实在,题目是《有句话常挂嘴边》,被叱责为"世俗"。我就想不通,一个连温饱都没有完全解决的农业大国,哪有这么多的"诗意"？提一篮春光见妈妈？我看你提一篮馒头见妈妈倒差不多！

还有一类,是只顾让学生提笔写作,而不顾题目违背了生活常识。这不,我刚刚接到一个短信,"一个健美运动员,经过多年努力终于取得成功,可不幸的是她得了癌症,只有截肢才能保住性命。她是个爱美的人,于是拒绝了医生的治疗,以生命殉美。认识她的人说,为了一条腿而失去生命,太不值得了;可也有人说,病魔没有夺取她的价值,她宁折不弯。请问你是哪一个观点？"

这是学生问我的,我一时语塞,无法回答。生活中有这样的人么？就算有,是常态么？1998年我探望患癌症的亲戚,去了趟天津肿瘤医院,看到了许多因患乳腺癌而被切除乳房的女人,她们年龄不一,有的还双侧切除,惨不忍睹。我小心翼翼的问大夫,她们以后怎么恋爱啊？有婚姻的,丈夫要离婚怎么办？就算不离婚,她们做爱会不会受影响啊？大夫面无表情,说,先保命要紧！

我不知道怎么回答这位因为信任我而给我发短信的学生,想了半天说,还是从人生价值观的角度写吧,你看重的是什么。

难怪韩寒说,中国人说谎话是从写作文开始的！

下部:感悟时事

《再说那些忽悠人的高考题》

每到高考临近,总有学生让我给他们讲讲作文,我说我不会讲作文,他们不信,说你那么多的文章都在报社发表了,怎么不会讲作文呢;我说我只是会写文章,但是写文章和写作文不是一回事,他们更加不信。有客气点儿的,说我太谦虚;不客气的,就说我嫌给的钱少。

说老实话我真的不会讲作文,网上不是有这样的一句话么,中国人说谎话从写作文开始的。这话说的有些损,但是,有些高考语文的题目也确实是"拔高"的离谱,请看这道题:

阅读下面的文字,根据语境填空(4分):

英国有一位孤独的老人,无儿无女又体弱多病,他决定搬到养老院居住,把自己漂亮的豪宅卖掉。

这是一所有名的豪宅,购买者蜂拥而至。豪宅的底价是8万英镑,

秋月杂文集——一个故事,两种婚姻

很快就炒到了 10 万,而且价格还在攀升。要不是身体确实不行了,老人是不会卖掉这所陪伴他度过一生的住宅的。连日来没有一个买主如他所愿,老人陷在沙发里,满目忧郁。

一天来了一个衣着朴素的年轻人,他弯下腰低声说:"先生,我也想买这栋房子,但是我只有 1 万英镑。"

"但是它底价就是 8 万啊。"老人淡淡的说。

"＿＿＿＿＿＿＿＿＿＿＿＿＿＿＿＿＿"年轻人锲而不舍地说。

老人站起来,挥手要大家安静下来:"朋友们,这栋房子的新主人已经产生了,就是这个小伙子!"

年轻人不可思议的赢得了胜利,梦想成真。

回答问题:"请你代故事中的年轻人在划线的地方写出那句他对老人说的话。5 分"

我开动自己还算聪明的大脑,怎么想也想不出标准答案;也就是说,如果我是那个小伙子,我绝对没有能力把这个老人"忽悠"得将 10 万豪

下部：感悟时事

宅1万卖给我。没辙了，我只好采取我批评过学生的、偷懒的方式——翻书到最后一页，看答案。

答案分析是这么写的：

学生可能出的错误答案之一："老人家，我虽然现在只有1万元，但是我很快就能挣到10万、100万，相信我！"从炒到10万时老人的忧郁可见，老人并不在乎钱，所以这个答案没有分。

学生可能出的错误答案之二："如果您把房子卖给我，我可以做您的干儿子，给您养老送终……"这个答案还挖掘出一点信息，知道老人需要的不是钱财是温暖，但是"干儿子"的说法有"有奶便是娘"的味道，所以给2分。

正确答案是：

1."如果您能把房子给我，我将在这里办一座养老院，让像您这样的老人不再孤单，享受温暖。"

2."如果您能把房子卖给我，我保证您还会住在这里，和我一起喝茶、读报、散步。相信我，我一定会用一颗心来照顾您！"

对于这两个满分答案，评语是：第一个答案虽然有些"虚高"，但总体上知道老人需要的不是钱，而是温暖；第二个答案，感情真挚、体贴入微、不卑不亢、语言得体。

看完正确答案，我几乎傻了！打死我我也写不出这样的答案啊！

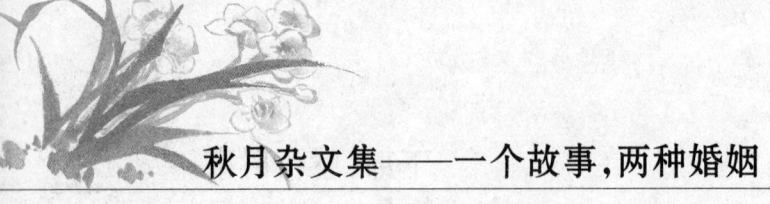

秋月杂文集——一个故事,两种婚姻

正确答案一,年轻人承诺办的养老院,与老人想去的养老院,有什么天壤之别么?莫不是英国所有的养老院都不温暖?就你办的这个温暖?上纲上线的说,你中国人编这样的题,是不是"诬蔑我大英帝国的国情"?

正确答案二,我不知那个英国老人的智商高低,如果换了我,我对这个赵本山"大忽悠"的英国徒弟就一个字:"滚!"你还不如那个想当干儿子的呢!他好歹叫我一声爸爸,我一辈子无儿无女,临死临死,也享受一下当爹的滋味。

看来我是讲不了作文了,我还是老老实实的给学生讲古汉语吧。